ANTITRUST ECONOMICS ON TRIAL

A Dialogue on the New Laissez-Faire

庭审反托拉斯经济学

关于新自由主义放任经济学的对话

[美] 沃尔特 · 亚当斯（Walter Adams）著
[美] 詹姆斯 · W.布罗克（James W. Brock）著

辛白 译

上海科学技术文献出版社
Shanghai Scientific and Technological Literature Press

图书在版编目（CIP）数据

庭审反托拉斯经济学：关于新自由主义放任经济学的对话 /（美）亚当斯（Adams, W.），（美）布罗克（Brock, J.W.）著；辛白译．—上海：上海科学技术文献出版社，2015.9
ISBN 978-7-5439-6803-5

Ⅰ．①庭… Ⅱ．①亚…②布…③辛… Ⅲ．①托拉斯—研究②新制度经济学—研究 Ⅳ．①F276.8 ②F091.349

中国版本图书馆 CIP 数据核字（2015）第 195661 号

图字：09-2015-352

责任编辑：夏　璐
封面设计：右序设计

庭审反托拉斯经济学：关于新自由主义放任经济学的对话
[美]沃尔特 · 亚当斯（Walter Adams）
[美]詹姆斯 · W. 布罗克（James W.Brock）著　　辛白　译
出版发行：上海科学技术文献出版社
地　　址：上海市长乐路 746 号
邮政编码：200040
经　　销：全国新华书店
印　　刷：常熟市人民印刷有限公司
开　　本：650×900　1/16
印　　张：7.75
字　　数：79 000
版　　次：2015 年 9 月第 1 版　2015 年 9 月第 1 次印刷
书　　号：ISBN 978-7-5439-6803-5
定　　价：25.00 元
http://www.sstlp.com

献给

弗兰克·海尼曼·奈特(1885—1972)

目　录

列　　表

前　　言

尖锐的意见分歧成为过去二十五年中美国反托拉斯政策争论的风景线：理论家对垒经验主义者，以芝加哥为大本营的新学识学派（New Learning）的信徒们对垒结构—行为—绩效范式的捍卫者，“自由放任”的倡导者对垒“干预主义者”，“新保守主义”对垒“新自由主义”。

一些人认为，反托拉斯就是反生产力，是过时货，应彻底废除。撇开这种观点，争论则集中在反托拉斯在自由企业经济中的恰当定位上。反托拉斯的核心目的是促进分散决策机制？或者，是最大化“消费者剩余”？市场力量集中在一个或几个企业手中是大问题吗？我们能依靠市场削弱垄断或寡头力量吗？如何衡量一个企业在相关产品市场和地理市场上的经济力量？在市场控制地位与效率之间存在取舍吗？如果存在的话，应该如何解决这两者之间的分歧？在这一背景下，针对一般的并购和具体的横向并购、垂直并购和联合型并购，正确的政策是什么？对制定合理有效的并购政策而言，可资利用的科学原理与实践纲领是什么？

“荒谬的剧场”[①]的拥趸将会发现这场论战中的人物似曾相识。没有沟通。舞台上的演员只能听到片言碎语，他们的回答则风马牛不相及：有时，对话清晰易懂富有逻辑，但缺少背景和意义；有时，荒谬成为永恒真理。在聋子们的对话中，演员们因为其基本假设的真实性与永恒性而充满活力：一方依赖历史经验，另一方则试图推翻已得到验证且正是所需的信念，认定这些信念是空虚来风和自欺欺人。

语言退化，退化至乏味的地步。在大沟通时代，语言充满暴力。词汇迹近无意义，缺少真实内容。对话中则充斥着僵化的陈词老调、空洞的公式和流行口号，把意识形态庸俗化。

为什么写这本书呢？面对专业读者，为什么采用这种题材呢？为了批判对解决公共政策问题无济于事、内容对立的著作和所谓的“科学”论文；为了暴露隐藏于政策争论中的思想状态和形象，理清那些表面分歧与表象之下的思维，揭示政策争论之本质；为了揭示争论各方所使用的词汇之内涵。对话之荒谬，不在于非理性之深度而在于似乎理性的那些论点：“虚假的词汇，系统地置辨论于虚假论据之上，无法分析真实的现实”。[②]

---

① 见马丁·埃林斯（Martin Esslin），《荒谬的剧场》（*The Theater of the Absurd*, New York: Anchor Books, 1961）。在这类题材中，就有塞缪尔·贝克特（Samuel Becket）、亚瑟·阿达莫夫（Arthur Adamov）、尤尔金·爱洛尼斯科（Eugene Ionesco）与瓦茨拉夫·哈维尔（Vaclav Havel）的作品。经济学家在这方面的尝试，有伦纳德·西尔斯（Leonard Silk）的《维布伦·一出三幕剧》（*Veblen: A Play in Three Acts*, New York: A. M. Kelley Publishers, 1966）。

② 米兰·昆德拉（Milan Kundera）《老实人必须被消灭》（Candide Had to Be Destroyed），载于扬·弗拉迪斯拉夫（Jan Vladislav）编著的《瓦茨拉夫·哈维尔或在真实中生活》（*Vaclav Havel or Living in Truth*, London: Faber and Faber, 1986: 261）。

对话发生于美国联邦法庭就一起并购案进行的**专家**资格盘诘环节。[③] 被盘问者是新自由放任学派的倡导者，盘诘目的是确定他/她是否有资格以经济学**专家**身份作证。他/她的台词不是剧作家的杜撰。几乎每句台词都有出处，准确地反映了当前在联邦司法系统中大行其道的所谓的新学识学派（芝加哥学派）的世界观。但是，我们的目的不是布道或思想灌输或裁判胜出者。这是本书读者的任务。

在爱洛尼斯科（Ionesco）的《秃头歌女》（*The Bald Soprano*）中，马丁太太问："什么意思呢？"消防队员说："那得由你来回答。"

---

③　资格盘诘（原文为 voir dire，意为"说出真相"）是道司法程序，审查证人以确定他或她以专家身份作证的资格和能力。见《布莱克法律词典》（*Black's Law Dictionary*，5th ed. 1979：1412）。

庭审反托拉斯经济学：关于新放任自由经济学的对话

以下对话发生在法庭上。参与人员包括一位**法官**、一位**检察官**和一位**专家**证人。

第一天
庭审开始;证人定义价格理论

法　官: 现在开庭。由政府盘问证人资格。

检察官: 谢谢法官。(面对证人)请说明你的职业和职务。

专　家: 我是芝加哥大学经济学教授、卡托研究所(Cato Institute)研究员和遗产基金会(Heritage Foundation)咨询专家。

检察官: 卡托研究所和遗产基金会皆号称自己是自由主义智库,是吗?

专　家: 它们都是研究机构,信奉自由放任哲学,专注于保护自由企业制度。

检察官: 你有哪些学术经历?

专　家: 在芝加哥大学获得博士学位后,我先后做过罗彻斯特大学(University of Rochester)助理教授和加州大学洛杉矶分校副教授。我还担任过美国司法部反垄断局首席经济学家;斯坦福大学商学院的威廉·巴可斯特(William Baxter)教授当时任司法部助理总检察长,分管反托拉斯局。我还曾出任过智利政府和波兰政府的经济咨询专家。

检察官： 在你的专业领域中，你发表过很多研究成果？

专　家： 是的。我出版过很多专著和文章，涉及博弈论、古诺双寡头理论、可竞争性、动态纳什均衡、最优两部分定价、机会主义和不自信行为以及关于反托拉斯与其他政府干预的公共选择模型等众多领域。我的论文发表于《经济理论杂志》（*Journal of Economic Theory*），《政治经济学杂志》（*The Journal of Political Economy*），《法学与经济学杂志》（*Journal of Law and Economics*），《商业杂志》（*Journal of Business*），《芝加哥大学法律评论》（*University of Chicago Law Review*）等学术刊物上。

检察官： 除了《经济理论杂志》以外的刊物都由芝加哥大学出版，是吧？

专　家： 是的。

检察官： 教授，你能告诉我们你的专业领域是什么吗？

关于价格理论的适用范围

专　家： 价格理论。

检察官： 如何定义价格理论？

专　家： 解释理性经济行为与市场运行的科学。

检察官： 它与法律扯得上边吗？

专　家： 它的重要性不仅仅体现在它与法律的关系上。

检察官： 什么意思？

专　家： 经济学家已用价格理论解释经济行为以外的种种现象，

非经济学家也在这么做。我们用经济学理论解释种族歧视、[④]人类生育、[⑤]犯罪、[⑥]婚姻和家庭、[⑦]离婚、[⑧]自杀、[⑨]吸毒、[⑩]政治[⑪]和教育[⑫]

---

④ Becker，G. S. The Economics of Discrimination，2d ed. Chicago：University of Chicago Press，1971.

⑤ Becker，G. S. An Economic Analysis of Fertility. In National Bureau of Economic Research，Demographic and Economic Change in Developed Countries. Princeton，N. J.：Princeton University Press，1960. Willis. A New Approach to the Economic Theory of Fertility. Journal of Political Economy 1973(81).

⑥ 见注释 13—15 中引用的文献。

⑦ Becker，G. S. A Treatise on the Family. Cambridge：Harvard University Press，1981. Becker，G. S. A Theory of Marriage，Parts 1，2. Journal of Political Economy 1973，1974(81，82). Schultz，T. W.，Economics of the Family：Marriage，Children and Human Capital，1975. Becker，G. S. & H. G. Lewis. On the Interaction between the Quantity and Quality of Children. Journal of Political Economy 1973 (81). DeTray，D. Child Quality and the Demand for Children. Journal of Political Economy 1973(81). Freiden，A. The United States Marriage Market. Journal of Political Economy 1974(82). Michael，R. T. Education and the Derived Demand for Children. Journal of Political Economy 1973(81)。

⑧ Becker，G. S. & E. M. Landes & Michael，R. T. An Economic Analysis of Marital Instability. Journal of Political Economy 1977(85)：1141. 这篇论文应用价格理论，证明了"意外怀孕的女性有动机迅速结婚，即使没有找到中意的配偶，因为她们想让孩子'合法化'，因为她们对潜在配偶的价值在下降。换句话说，她们更可能接受不匹配的婚姻，因为对她们而言，寻找成本上升。所以，意外的婚前怀孕增加婚姻解体的概率"(第 1151 页)。

⑨ Hamermesh，D. S. & Neal M. S. An Economic Theory of Suicide. Journal of Political Economy 1974 - Jan. /Feb.：82.

⑩ Becker，G. S. & G. Michael. & Murphy. K. M. Rational Addiction and the Effect of Price on Consumption. Working Paper no. 68，Center for the Study of the Economy and the State，University of Chicago，Feb. 1991.

⑪ Becker，G. S. Competition and Democracy. Journal of Law and Economics 1(105 - 9)：1958. Downs. An Economic Theory of Political Action in a Democracy. Journal of Political Economy 1957(67).

⑫ Becker，G. S. Human Capital：A Theoretical and Empirical Analysis. New York：Columbia University Press，1964，1975. Peltzman，S. The Effect of Government Subsidies-in-Kind on Private Expenditures：The Case of Higher Education. Journal of Political Economy 1973(81). Schultz，T. W. The Formation of Human Capital by Education. Journal of Political Economy 1960(68).

等问题⑬。经济学理论单枪匹马地为理解涉及稀缺资源的所有行为——市场与非市场行为，货币与非货币行为——提供了统一框架。⑭

检察官：能举些例子吗？

专　家：以犯罪为例。加里·贝克尔(Gary Becker)教授在论文中指出，⑮罪犯和其他人没有什么两样。他们面对着约束(价格，收入)，理性地最大化自身利益(效用)。就是说，做罪犯的决策，在理论上，与做瓦匠或木匠或经济学家的决策没有差别。⑯

---

⑬ 关于价格理论的略有些牵强的应用，见杰夫·E. 比尔德(Jeff E. Biddle)与丹尼尔·S. 哈默梅什(Daniel S. Hamermesh)《睡眠与时间分配》《美国国民经济调查局研究报告 2988 号》(1989 年 5 月)。有人用价格理论破案，见马歇尔·杰文斯(Marshall Jevons)、威廉·布瑞特(William Breit)与肯尼思·埃尔津加(Kenneth Elzinga)《边际谋杀》(*Murder at the Margin*, Sun Lake, Ariz.: Thos. Horton & Daughters, 1978)和《致命的均衡》(*The Fatal Equilibrium*, Cambridge: MIT Press, 1985)。

⑭ Becker, G. S. The Economic Approach to Human Behavior. Chicago: University of Chicago Press, 1976: 205.

⑮ Becker, G. S. Crime and Punishment: An Economic Approach. Journal of Political Economy 1968(76): 169-217. Becker, G. S. & W. Landes, eds. Essays in the Economics of Crime and Punishment. National Bureau of Economic Research, 1974. Rottenberg, S. ed., The Economics of Crime and Punishment. Washington, D. C.: American Enterprise Institute, 1973. Ehrlich, I. Participation in Illegitimate Activities: A Theoretical and Empirical Investigation. Journal of Political Economy 1973(81). Ehrlich, I. Capital Punishment: A Case of Life or Death. American Economic Review, 1975(6). 有关的经验实证/计量分析，见彼得·施密特(Peter Schmidt)与安·D. 维特(Ann D. Witte)《犯罪与法律的经济分析》(*An Economic Analysis of Crime and Justice*, Orlando, Fla.: Academic Press, 1984)。

⑯ Rubin, P. A.. The Economics of Crime. Atlantic Economic Review 1978(28): 38. (现在担任法官的)理查德·波斯纳(Richard Posner)教授认为罪犯"之所以选择进行犯罪活动，是因为犯罪活动带给他的预期效用，在减去预期成本后，大于合法活动给他实现的净预期效用。"理查德·波斯纳《法律的经济分析》(*Economic Analysis of Law*, Boston: Little, Brown & Co., 1973)，第 365 页。

检察官：是个理性的过程？

专　家：是的。价格理论证明惩罚能阻止犯罪。

检察官：如何解释？

专　家：道理很简单：需求曲线向下倾斜。如果提高商品的价格，消费数量就会下降。同样的道理，如果提高犯罪成本，犯罪数量会下降。当然了，你必须考虑到需求曲线的弹性。如果弹性很低，则提高犯罪成本对降低犯罪数量的影响很小。如果弹性很高，效应就很大。[17]

检察官：能再举几个例子吗？

专　家：和人的其他行为一样，结婚与离婚也能用价格理论解释[18]：当预期从婚姻中得到的效用超过从单身或从继续寻找合适配偶中得到的效用时，人们就会结婚。[19] 同样的，如果从恢复单身或与其他人结婚中获得的效用超过因为离婚而损失的效用——包括与子女分离、分割共同财产和律师费用等实际损失，已婚者会结束自己的婚姻。许多人在寻找配偶，所以存在一个婚姻市场：

---

⑰ Tullock, G. Does Punishment Deter Crime. The Public Interest, Summer 1974. Reprinted Ralph Andreano & John J. Siegfried, eds., The Economics of Crime. Cambridge, Mass.: Schenkman Publishing Co., 1980: 127 - 36. Tullock, G. An Economic Approach to Crime. Social Science Quarterly 1969(50): 59 - 71.

⑱ 贝克尔《人类行为的经济分析》(*Economic Approach to Human Behavior*)。贝克尔说："两个简单原理构成这一分析的核心。第一个原理是，由于婚姻实际上是自愿的——婚姻双方自愿或者双方父母自愿，所以，偏好理论适用于分析婚姻，并且，可以认定婚姻双方(或双方的父母)预期所实现的效用高于双方保持单身时的效用。第二个原理是，许多男女在寻找配偶时相互竞争，所以，可以假定存在婚姻市场"(第 206 页)。

⑲ 同上，第 11 章。

每个人都在这个市场上竭尽全力寻找配偶。如果在这一市场上保持单身的人无法相互结婚和使彼此情况改善，这个市场便达到均衡。[20]

检察官：简单的理性计算！就这么简单？

专　家：就这么简单。被称为爱情的物质与情感投入中，包含着重要的经济因素。这一计算可能是有意识或无意识地进行，明确地或隐含着做出。要做出效用最大化决策，就必须进行这种计算以。

检察官：什么意思？

专　家：通过建立家庭，相爱的人就能无需频繁约会，降低这方面的成本，降低在彼此间转移资源的成本。[21]

检察官：能再举几个例子？

专　家：当然可以。我们来说说家庭规模决策。子女就像是汽车、房子和机器。我们可以把他们看作是耐用消费品，给父母带来效用。通过效用函数或一组无差异曲线，我们能把子女带给父母的效用与其他商品实现的效用进行比较。很容易算出养育子女的净成本。[22]

检察官：如何算出呢？

专　家：理论上说，养育子女的净成本等于预期支出加上父母所提供的服务的现值，减去预期货币收益加上子女所提供的服

---

⑳ 贝克尔《人类行为的经济分析》，第 11 章。
㉑ 同上，第 210 页。
㉒ 同上，第 173 页。

务的现值。如果净成本为正,则子女就是耐用消费品,产生心理收入或效用。如果净成本为负,则子女就是产品,产生货币收入。家庭可以选择具有许多不同属性的子女,这种选择取决于家庭的偏好、收入和每个孩子的价格。近些年里,大部分家庭在子女身上发生很大的净支出。[23]

检察官:你是说家庭规模决策完全由经济因素决定?

专　家:不。社会学因素,例如种族、信仰和文化传承等,包含于我们的"偏好"概念内。它们是整个框架的一部分。重要的是,利用经济学理论,我们能科学地分析生育趋势。[24]

检察官:还有其他深奥难懂的例子能告诉我们经济学理论如何解释人的行为吗?

专　家:你可能觉得这些例子深奥,甚至滑稽,但它们确实展示了经济学理论的解释力和实用性。拿婚外恋说吧。价格理论提出了模型,阐述已婚者如何在工作、配偶和情人之间分配自己的时间。滥情者会发现,自己与情人在一起消磨的时间的价值(或成本),是自己的工资率、非劳动收入、配偶投入到婚姻中的时间、配偶为婚姻提供的商品的价值、情人投入到这场恋情中的时间以及情人投入到这种恋情中的商品的价值等的函数。这些因素影响从婚姻中获得的效用与从婚外情中获得的效用。[25]

㉓ 贝克尔《人类行为的经济分析》,第175页。

㉔ 同上,第173页。

㉕ Fair, R. C. A Theory of Extramarital Affairs. Cowles Foundation Paper no. 457. New Haven: Cowles Foundation for Research in Economics, 1978(46).

检察官：让我看看我理解得是否正确。你刚才阐述的——你认为适用于人的各类行为的——理性选择模型[26]，意味着人们永不犯错？

专　家：准确地说，这个模型指出，如果在事后看，决策在个人层面上出错（就是说，没有最大化预期效用或利润或其他目标）或者在社会层面上出错（就是说，帕累托无效率），则这两类错误都可归咎于市场失灵。对个人层面的决策错误，一般解释是决策者缺乏所需的信息——如果他或她拥有这一信息，他或她就会以效用最大化方式选择其他行动。[27]

检察官：对决策错误就没有别的解释吗？认知心理学不是用大量证据证明经济学家使用的理性选择模型——包括不确定条件下的主观期望效用模型——通常并不完整，可能无法准确描述或预测真实决策吗？

专　家：你能说得更清楚些吗？

检察官：认知心理学提供的证据表明，许多人，甚至大部分人在处理常规信息时常常出错。就是说，与理性选择模型所假定的不同，人们在最大化自己的效用或利润时，可能经常出错。一些行为，例如吸烟、喝酒或吃糖果，都能带来瞬间满足感，但是，这些行为的负面效应在遥远的将来会显现，当然了，可能只在概率意义

㉖ 对这一模型的讨论，见 Cooter，R. D. & T. S. Ulen. Law and Economics. Glenview，Ⅲ.：Scott，Foresman，1988.

㉗ Ulen，T. S. “Criticisms of the Theory of Rational Choice and Their Implications for the Economic Analysis of Legal Rules”. In paper pre-sented at Michigan state University，Nov. 11，1990：2－3.

上。人们在现在仍可以避免这种负面效应。这不是竞赛：某些直接收益，胜过遥远的概率意义上的成本，但是，这种收益很小，而可能的成本则是致命的。[28]

专　家：经济学是门精确的科学，认知心理学却不是。你的结论完全不靠谱。

检察官：可一些十分杰出的经济学家也对你的理性选择模型和它的实用性提出了质疑啊！诺贝尔奖得主詹姆斯·布坎南(James Buchanan)——真巧，他是你在芝加哥大学的同窗呢——说过："选择理论提出了个悖论。如果决策者的效用函数在事前得到充分界定，选择就是个纯粹的机械过程。没有了所谓的'决策'；没有了对不同选项的加权。而如果效用函数根本没有定义，选择就成为实实在在的问题，成为不可预测的脑力活动。如果我知道我想要什么，电脑就可以为我做出选择。如果我不知道我想要什么，则没有电脑能推导出我的效用函数，因为它不存在。"[29]

---

[28] Akerlof, G. A. Procrastination and Obedience. AEA Papers and Proceedings, May 1991(81): 5. Dawes, R. Rational Choice in an Uncertain World. San Diego: Harcourt Brace Jovanovich, 1988. Winterfeldt D. & W, Edwards. Decision Analysis and Behavioral Research. New York: Cambridge University Press, 1986.

[29] Buchanan, J. What Should Economists Do. Indianapolis: Liberty Press, 1979: 25 - 26. Leibenstein, H. Beyond Economic Man. Cambridge: Harvard University Press, 1976.

诺贝尔奖得主和人工智能之父赫尔伯特·西蒙(Herbert A. Simon)警告说，"专注于决策的行为模型让我们误以为人是超理性的。"他说，"人(毕竟)没有把大部分时间用于做决策。他们在生活！我没有觉得自己生活在迷宫中。""我们做出的选择带给我们真实的体验"。他解释说，"决定爬山是一回事，登顶则是另一回事。"见《纽约时报》对西蒙所做的访谈，1991年3月17日，第29页。

专　家：你说的没错。布坎南从来就不认为选择理论是经济学的核心。

检察官：诺贝尔奖得主哈耶克(F. A. Hayek)不是也批判经济学界“逻辑混乱”、追求“科学主义”、没有认识到不完善信息遍及人类社会吗？他不是嘲笑经济学家模仿物理学方法，不动脑子地应用物理学方法研究社会经济现象，结果得到荒谬结论吗？[30]

专　家：他说过。

检察官：你在芝加哥大学的导师，伟大的弗兰克·奈特(Frank Knight)，不是警告经济学家们不要模仿自然科学方法吗？他不是说“现代自然科学真实开端，是认识到惰性自然物体和人不一样，是‘不可改变的’，而人是能劝说的、敦促的、强迫的和欺骗的”？他不是警告经济学家不能错误地认为，既然“自然物体和人不一样，那么，人肯定和自然物体一样”吗？[31]

专　家：我知道奈特的忠告。

㉚ F. A.哈耶克《科学的反革命：理性滥用之研究》(*The Counter-Revolution of Science*: *Studies in the Abuse of Reason*, Glencoe, Ⅲ.: Free Press, 1952: 14-16,30,51)。哈耶克的诺贝尔奖演讲《佯装具有知识》(*The Pretense of Knowledge*)，重印于《美国经济评论》(*American Economic Review*) 79期(1989年12月第3页)。对G.沃伦·纳特尔(G. Warren Nutter)所界定的“经济学主义”——即经济学理论普遍适用于分析所有的人类行为和社会活动——的批判，见G.沃伦·纳特尔《论经济主义》(*On Economism*)，载于《法学与经济杂志》1979年10月(22期)，第263-68页。

㉛ Knight, F. On the History and Method of Economic. Chicago: University of Chicago Press, 1956: 121-22.

检察官：当你使用理性选择模型时，你没有低估无目的的、非理性行为的重要性吗？每个人都有经济人成分，但是，你如何解释情痴、好斗分子和固执己见者的行为？[32] 一些人理性地最大化经济利益，这是事实。但是，还存在马尔萨斯消费者、烈士、爱国者、空想家、瘾君子和狂热分子啊。[33]

专　家：你说的没错。但是，经济学理论的核心是不折不扣地、始终如一地假定最大化行为、市场均衡和稳定偏好。[34]

检察官：再纠缠这个问题已无意义。但我想引用教皇亚历山大(Pope Alexander)的一首诗：

认识自己
认识自己的才能、喜好和学习所能到达的极致
知道深浅
言行谨慎
知道知与不知的边界。[35]

专　家：教皇从来就不是我的最爱。我更喜欢十九世纪英国浪漫诗人：拜伦、济慈和雪莱等。

检察官：希望你不对他们的诗做出经济学解释。

㉜ Buchanan. Foreword to Frank Knight，Freedom and Reform. Indianapolis：Liberty Press，1982：xii.

㉝ Nutter. On Economism. 263，265.

㉞ Becker. Economic Approach to Human Behavior. 5.

㉟ Alexander Pope. An Essay on Criticism. Reprinted in Pope：Poems. New York：Viking Press，1985：15.

关于价格理论在反托拉斯执法上的应用

专　家：我知道很多经济学理论并不清晰。但是，就在反托拉斯上的应用而言，微观经济学一点不含糊，相当有力。[36]

检察官：好吧，我们就来谈谈反托拉斯。价格理论之于反托拉斯的重要性是什么？

专　家：反托拉斯的核心是企业行为对消费者的影响。要理解企业行为如何影响消费者福利，我们需要基本的经济学理论。这没有任何难处，因为反托拉斯分析所涉及的经济学模型都很简单，不需要任何经济学训练。[37]

检察官：价格理论足以进行这一任务吗？

专　家：基本价格理论逻辑严密。它的解释能力巨大，我们可以相信——完全相信——它的可靠性。[38]

检察官：完全依靠理论来推断无法观察到的现实世界的特征？你真的这么有把握？

专　家：价格理论足以完成这一任务。别无他途。[39] 没有经济学理论，就没有合理公正的反托拉斯法。[40]

㊱ Bork, R. H. Judicial Precedent and the New Economics. Eleanor Fox and J. Halverson, eds., Antitrust Policy in Transition: The Convergence of Law and Economics. Chicago: American Bar Association, 1986: 16.

㊲ Bork, R. H. The Antitrust Paradox. New York: Basic Books, 1978: 90.

㊳ 同上，第 117 页。

㊴ 同上，第 122 页。

㊵ 同上，第 117 页。

检察官：如何定义合理公正的反托拉斯法？

专　家：罗伯特·博克（Robert Bork）教授概括得最好："反托拉斯法的任务是维持、改善和强化经济机制，迫使企业对消费者负责。"[41]反托拉斯的主要目的，实际上也是它的唯一目的，是最大化消费者福利。

检察官：你是在常用意义上——在拉尔夫·纳德（Ralph Nader）的意义上——使用"消费者福利"一词吗？

专　家：不，我是在科学意义上——在帕累托效率意义上——实用这个术语。

检察官：什么意思？

专　家：当没有人能提高自己的福利而不降低其他人的福利时，社会福利达到最大。

检察官：那么，按照这一标准，如何最大化消费者福利呢？

专　家：当社会经济资源配置使得消费者的需要在技术条件允许下得到最大限度满足时，消费者福利就达到最大。简单地说，消费者福利是对国家财富的衡量。[42]

检察官：这不就是经济学家所说的配置效率吗？

专　家：是的。它不同于生产效率，后者是企业在有效地使用资源。

检察官：那么，自由放任的政策环境，如何实现配置效率或最

---

[41] Bork, R. H. The Antitrust Paradox. New York: Basic Books, 1978: 91.

[42] 同上，第 90 页。

大化消费者福利呢？

专　家：在市场经济中，利润动机得到充分释放。生产者想生存，就必须赚取利润。他们持续地追逐利润。在市场经济中，对利润的追逐，无处不在，无法遏制。[43] 生产者利用社会资源，制造消费者想要的产品、提供消费者想要的服务，因为这是实现利润的唯一途径。

检察官：你是说，工商界的主要动机甚至唯一动机是追逐利润？

专　家：他们自然不会时时刻刻把利润最大化挂在嘴边。[44] 就价格理论而言，企业的一般行为，看上去好像在最大化利润。诺贝尔奖得主米尔顿·弗里德曼（Milton Friedman）说："企业的行为，看上去就好像他们在理性地最大化自己的期望收益……好像拥有最大化行为所需的全部知识；就是说，（企业的行为，看上去）好像企业知道有关的成本和需求函数，算出所有可供选择的行动的边际成本和边际收入，对行动的选择使得有关的边际成本等于边际收入。"[45]

检察官：回到消费者福利概念上。你是说企业对利润的追逐自动地保证消费者得到想要的东西？

专　家：消费者自会做选择，最大化自己的福利。企业，出于

㊸ Bork, R. H. The Antitrust Paradox. New York: Basic Books, 1978: 119.

㊹ 同上，第121页。

㊺ Friedman, M. The Methodology of Positive Economics. William Breit and Harold M. Hochman, eds., Reading in Microeconomics. New York: Holt, Rinehart & Winston, 1968: 34-35.

对自身利益的追求，将尽全力满足消费者的选择。这一过程与价格理论的预测并无二致，只是卡特尔或垄断企业会让这一过程短路。

检察官：你怎么能如此确定企业在生产消费者想要的商品呢？

专　家：自有办法验证。消费者不想要，他们就不会购买。消费者现在购买了这些商品，这就证明消费者得到了自己想要的东西，他们实现了自己的福利。

检察官：但是，如果消费者的选择受到限制呢？过去三十年中，底特律三巨头只制造高油耗汽车，消费者只购买这种汽车。你能说这种高油耗汽车最大化消费者福利吗？消费者可能更偏好低油耗汽车，如果底特律三巨头生产这种车的话。对消费者选择范围的限制，就是说，他们只能选择高油耗汽车，不是迫使消费者被动地接受选择而不是做出选择吗？

专　家：如果消费者不想要高油耗汽车，他们就不会购买。如果他们想要小型的低油耗汽车，自会有新企业进入市场，生产这种车子。但是，这一切都没有发生，这意味着消费者满足于自己面对的选项。

检察官：但是，如果三巨头游说政府，成功阻止小型低油耗高效能汽车进入美国，例如通过关税、配额或其他障碍等阻止外国汽车厂商到美国销售这种汽车和扩大美国消费者的选择范围呢？

专　家：这是个政治问题。政府介入了自由市场！

检察官：可是，在现实世界中，我们能把政治与经济因素分离开来吗？亚当·斯密不是因此才讨论政治经济学而非狭隘的经济学吗？他不是详细阐述了经济与政治因素的结合给大众带来的危险吗？

专　家：是的。这就是信奉自由放任的经济学家要把政府的作用限制在最低程度上的原因。

检察官：让我们看看我是否理解你的观点。你是说，无论消费者做出怎样的选择，他们的选择都是"有效率的"，因为它最大化他们的效用；无论企业生产什么都在最大化消费者福利？你是说，如果不是这样的话，他们就会做出别的选择？现在，他们没有做出别的选择，因此，他们的选择反映了自愿的、非强制的消费者福利的最大化，证明了当前的资源配置模式实现了最大的配置效率？

专　家：是的，但你忽视了卡特尔或垄断所造成的扭曲。

检察官：那不是说你的观点必然成立吗？你在循环论证？

专　家：没有。我只是描述了自由市场制度在如何运转。博克法官说得很到位："微观经济学理论以几个经验前提为基础。例如，在其他条件相同时，随着价格下降，需求量上升。这是个经验命题，不曾有人驳倒它。一旦你接受这类基本前提，其后的结论就像几何结论一样自然成立。整个系统完全是循环的，这就是其力量之所在，因为循环逻辑无法被驳倒。"[46]

---

[46] Fox & Halverson. Antitrust Policy in Transition.

检察官:利用价格理论,经济学家能解释一切?[47] 大部分人会认为你对价格理论的评论言过其实并且在走极端。有人甚至会认为价格理论纯属无稽之谈,就像牙仙、复活节的兔子或圣诞老人。

专　家:那是你的个人看法。事实是,不仅经济学家,还有法官、律师、政府官员和公共政策制定者,都逐渐接受新学识。实际上,新学识的上升势头,在现在看来,不可阻挡。[48]

检察官:可我还是要问,如果世界真的像你所声称的那样在理性地和完善地运转,还要你这样的经济学家干什么?

专　家:防止像你这样天真的人推行愚蠢的经济政策。

检察官:好吧。现在谈谈反托拉斯的作用吧。你刚刚引用了罗伯特·博克的观点,"反托拉斯法的任务是维持、改善和强化经济机制,迫使企业对消费者负责。"这到底是什么意思?

专　家:他要求打压卡特尔和垄断企业限制产量和提高价格的行为。

检察官:经济学家们几乎普遍认为卡特尔式的产量限制和价

㊼ 布坎南说:"经济学理论能解释一切,等于说它预测不了任何事。"布坎南《经济学家该做什么?》(*What Should Economists Do*?),第 78－79 页。

㊽ Miller, J. C. Ⅲ. The Economist as Reformer. Washington, D. C.: American Enterprise Institute, 1989: 47. 有关的反面观点,见赫尔伯特·霍芬坎普(Herbert Hovenkamp)《芝加哥学派之后的反托拉斯政策》(*Antitrust Policy after Chicago*,载于《密歇根大学法律评论》[*University of Michigan Law Review* 1985(94)第 213 页。]霍芬坎普认为,"芝加哥模型的基本前提中的缺陷,终将让这一模型崩溃,就像此前各种主流理论的结局一样"(第 213 页)。弗雷德里克·罗韦(Frederick Rowe)也表达了相同看法[Rowe, F. The Decline of Antitrust and the Delusion of Models: The Faustian Pact of Law and Economics. Georgetown Law Journal 1984(72): 1511]。

格串谋行为具有反社会后果。能这么说吗？

专　家：你说的没错。（现在出任法官的）理查德·波斯纳教授甚至认为应该禁止暗地里的串谋和公开的串谋。他认为，即使被告方仅仅就推行非竞争性定价政策有过默契的心灵感应，就应该指示陪审团将其视为它们之间的定价协议。当然了，波斯纳意识到这样做有难度。[49]

检察官：这有意义吗？寡头行为的本质不是相互依赖性吗？这难道没有阻碍它们之间的暗地里的串谋行为吗？限制寡头市场上的这种串谋的规定会导致寡头们为遵守法律而非理性地行为吗？[50]

专　家：不会的。寡头结构可能只是串谋的必要条件而非充分条件。

检察官：那么，垄断结构的主要罪孽是什么呢？

专　家：看展板1——陪审团旁边的展板。这幅图描绘了垄断和具有垄断属性的企业合并行为所导致的社会损失和潜在收益。

检察官：请解释。

专　家：Q_1 代表“竞争”产量，P_1 代表“竞争”价格。理性的垄断企业（遵循边际成本等于边际收入这一利润最大化行为规则），

---

[49] Posner, R. A. Antitrust Law. Chicago: University of Chicago Press, 1976: 72.

[50] Turner, D. The Definition of Agreement under the Sherman Act: Conscious Parallelism and Refusals to Deal. Harvard Law Review 1962 (75): 655, 669.

把产量限制为 Q_2，把价格提高到 P_2。这降低了消费者福利，给消费者造成“净损失”，损失为三角形 A_1 的面积。

检察官：长方形 A_2 是什么呢？

专　家：它是竞争条件下的平均成本（AC_1）减去垄断条件下的平均成本（AC_2）。它衡量垄断或垄断性质的企业合并所节省的成本，即“生产效率”的增长。要确定对消费者福利的净效应，需要比较面积 A_1 和 A_2。

检察官：这幅图对分析寡头也有用吗？

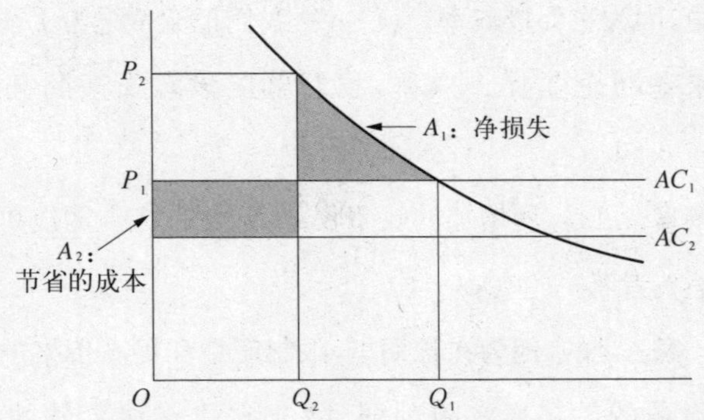

表 1　垄断对产量(*Q*)、价格(*P*)和平均成本(*AC*)的影响

专　家：是的，只要寡头们在串谋。

检察官：你是说这幅图准确描述了反托拉斯的一切内容？

专　家：是的。但是，在应用于具体案子时得小心。我们不能凭空指控垄断企业。

检察官：为什么这么说？

专　家：人们常常武断地认为在由垄断企业主导的市场上或

者在新企业无法进入的市场上，自然选择过程不起作用。实际上，甚至在这种情况中，消费者福利依然未必下降。垄断企业依然有动机最小化成本——因此最大化其利润——而模仿生存竞争。它依然有动机最大化图中的长方形 A_2，这有益于我所定义的消费者福利与效率。[51]

法　官：等一下。（面对证人）你是说你对竞争的解释适用于完全垄断的经济？这不矛盾吗？

专　家：不矛盾。正如波斯纳法官所说，我们看重经济活动中的竞争，因为它促进效率。就是说，我们把竞争视为手段而非目的。如果垄断企业促进效率，我们就应该忍受垄断甚至鼓励垄断。[52]

检察官：可是，所增加的效率收益，更大的 A_2，能以更低价格转移给消费者吗？

专　家：是的，因为在长期里，限制产量和提高价格的市场地位总是脆弱的。它肯定被削弱，除非它建立在卓越效率基础之上。[53]

检察官：在长期里？什么意思？1916 年法庭就宣布柯达公司

---

[51] 理查德·A. 波斯纳，《反托拉斯法》(*Antitrust Law*)，第 16 页。

[52] 同上，第 22 页。对这一观点的批判，见鲁道夫·J. 佩里茨(Rudolph J. Peritz)《反托拉斯法历史》(*A History of Antitrust Law*)，载于《杜克大学法律杂志》(*Duke Law Journal*)(1990)，第 263－320 页。阿瑟·莱夫(Arthur A. Leff)把波斯纳的理论比喻为流浪汉小说，见阿瑟·莱夫《法律经济学分析》(*Economic Analysis of Law*)，载于《弗吉尼亚州法律评论》(*Virginia Law Review* 60，1974)第 451 页。

[53] Bork. Antitrust Paradox. 133.

拥有不合法的垄断地位;五十多年后,柯达公司在业余摄影市场上依然拥有主导地位。长期显然十分漫长。

专　家:是的,在一些情况中,长期确实十分漫长。只是在这些情况中,垄断地位的稳固,建立在卓越效率的基础之上,也就是勒尼德·汉德(Learned Hand)法官所说的"卓越技能、远见力和勤劳"。[54] 一个高度集中且无法进入的行业,可能是优点而非问题之所在。[55]

检察官:你这么有把握?诺贝尔奖得主乔治·斯蒂格勒(George Stigler)教授不是说大部分大企业都是并购活动的产物而非以卓越业绩为基础的内生增长的结果吗?他不是证明了垄断企业既非不可避免也非源自经济效率吗?[56]

关于可竞争的市场

专　家:如果垄断企业的地位并非源于卓越效率,则它的市场份额会被新企业的进入而侵蚀。垄断企业阻止行业外企业进入的唯一途径只能是卓越绩效,就是说,为消费者提供竞争结构所能提供的好处——如果存在竞争的话。偏离这一点,会导致垄断企业受挫于对手"打了就跑"的市场进入行为。这就是可竞争的市场

---

[54] United States v. Aluminum Co. of America. 148 F. 2d,(1945):416.

[55] Baumol, W. J. Contestable Markets: An Uprising in the Theory of Industry Structure. American Economic Review 1982-3(72):14.

[56] Stigler, G. The Case against Big Business. Fortune, 1952(5):162. Ibid., Monopoly and Oligopoly by Merger. American Economic Review 1950-5(40):23.

(contestable markets)理论的精髓。[57]

检察官：能解释一下吗？

专　家：它是完全竞争理论的推广。可竞争的市场表现出的特征是社会最优行为，这种市场能够存在于各种行业结构中包括垄断和寡头垄断结构中。[58] 可竞争的市场理论拓展了“看不见的手”的应用范围。[59] 它指出，甚至在高度集中的市场上，在均衡状态，价格也必须正好等于边际成本（像在完全竞争的市场中那样），如此资源配置便达到最优状态。[60]

检察官：为什么？

专　家：因为潜在的进入行为，几乎和市场上的真实竞争一样有效，能约束行业内企业的行为。即使市场只由一家企业控制，它依然是可竞争的，并且，展现出竞争特征。[61]

检察官：你是说，竞争市场结构与垄断市场结构之间，没有任何差别？

专　家：是的。并非只有原子型市场才是竞争的或才有卓越绩效。[62]

检察官：让我设想一种情况。以国内航空业为例。在航空业

---

[57] Baumol. “Contestable Markets.” 14.

[58] 同上，第2页。

[59] 同上。

[60] 同上，第5页。对这一理论的全面批判，见威廉·G. 施弗德（William G. Shepherd）《“可竞争性”对竞争》（*“Contestability” versus Competition*）载于《美国经济评论》（*American Economic Review*）74期（1984年），第572－87页。

[61] Bailey, E. Contestability and the Design of Regulatory and Antitrust Policy. American Economic Review 1981－5(71)：178.

[62] Miller. The Economist As Reformer. 47.

放松规制后，一系列的大型合并和集中度上升，导致票价显著上升，服务质量明显下降。不是吗？环球航空公司（TWA）在收购了奥索卡航空公司（Ozark）后，终止了自圣路易斯市始发的四十条航线，机票价格提高3%。在由一家航空公司控制一半以上航空流量的十八个航空港中，与标准水平相比，始发乘客被迫支付更高票价，有时高出50%。随着大运营商把全国航空市场分割为一个个区域性垄断市场，乘客花更多的钱购买更少的服务。你不能否认这一事实吧？[63]

专　家：放松规制的目的是让市场决定行业中的最好的经济组织。在放松规制的航空业中，只要存在赚钱机会，不管这种赚钱机会在哪里，进入者只需把飞机开到这个机场，以低于在位企业的价格，就能赚到钱。如果在位企业用降价来反击，进入者就会开着飞机离开，去寻找其他赚钱机会。可竞争市场上的这种可逆转的潜在进入行为，显然与福利最大化一致。[64]

检察官：你是说，潜在的进入者能自由地飞入有利可图的市场，侵蚀在位运营商的垄断力或寡头垄断力？

专　家：是的。在没有规制干预时，航空市场自然是个可竞争的市场，因为航空业的主要资本品——飞机——很容易在各个市场之间飞来飞去。[65]

---

[63] Adams, W. & J. W. Brock. Dangerous Pursuits: Mergers and Acquisitions in the Age of Wall Street. New York: Pantheon Books, 1989: 105.

[64] Baumol, W. J. & J. C. Panzer & Willig, R. D. Contestable Markets and the Theory of Industry Structure. San Diego: Harcourt, Brace, Jovanovich, 1982: 7 - 8.

[65] Bailey. Contestability and the Design of Regulatory and Antitrust Policy. 179 - 80.

检察官：可是，在已拥挤不堪的机场中，例如奥黑尔（O'Hare）机场、肯尼迪机场或洛杉矶市场，潜在的进入者如何取得停机位呢？

专　家：它们可以向拥有停机位的运营商购买。

检察官：你是说从进入者试图削弱其市场力量的公司手中购买？这些公司乐意合作？

专　家：如果价格有足够的吸引力，它们自然乐意出售。通过扩建这些本已拥挤不堪的机场，问题很容易解决。这能缓解当前停机位稀缺的局面。

检察官：那么，对由在位航空公司控制的订票系统，应该怎么办呢？潜在的进入者如何获得这些系统的使用权呢？要知道，这对它们至关重要。

专　家：花钱租或者开发自己的订票系统。

检察官：可这会提高进入成本，使得竞争变得更加遥不可及！

专　家：垄断或卡特尔市场上的进入行为能被阻挡住的假设脱离现实。[66] 没有了政府对竞争活动施加的限制，当前的和潜在的对手如何被阻止进入的问题，还没有好的解释。[67] 实现高利润的高度集中的市场，只有在得到政府保护[68]或掠夺性行为保护时或者在具有卓越效率时，才能实现高集中度。

---

[66] Posner, R. A. Antitrust Law. 17.

[67] Demsetz, H. Two Systems of Belief about Monopoly. Goldschmid, Mann, and Weston, eds., Industrial Concentration: The New Learning. Boston: Little, Brown & Co., 1974: 166 - 67.

[68] Demsetz. Two Systems of Belief about Monopoly. 168.

关于掠夺“问题”

检察官:能告诉我们“掠夺”的含义吗?

专　家:“掠夺”,是对对手的欺凌行为,目的不是增加欺凌者的利润而是把对手赶出市场,让欺凌者获得足够大的市场份额从而榨取垄断利润或者迫使对手放弃竞争行为。[69]

检察官:从科学角度看,你认为这种欺凌行为是个问题,应得到反托拉斯的重视?

专　家:没有这方面的理论依据。[70]

检察官:什么意思?

专　家:因为理论上说,掠夺性定价意味着掠夺者得发生的损失——远高于给对手造成的损失。[71] 由于掠夺者已经取得比对手更大的市场份额,所以,掠夺性行为给它造成的损失更大。

检察官:掠夺者不能“精准射击”,把降价行为局限在存在竞争威胁的某些地区而保持其他地区的价格不变吗?

专　家:在多个市场开展经营活动的企业,在一个市场上把价格降低到不经济的水平上,同时提高其他市场的价格来补偿掠夺成本?这是个愚蠢的理论。[72]

检察官:为什么?

---

[69] Bork. Antitrust Paradox. 144.

[70] Federal Trade Commission. Transition Report, Prepared for President Reagan. Reprinted in Congressional Record(Senate), Sept. 21,1981,21350.

[71] Bork. Antitrust Paradox. 148.

[72] 同上,第144-45页。

专　家：因为它建立在愚蠢的补偿逻辑上。根据经济学理论，掠夺者已经在所有市场上最大化自己的利润。它能从哪个市场上获得更高利润来为掠夺性行为提供资金呢？即使掠夺者在某些市场上享有垄断地位，这种补偿也不可能做到。[73]

检察官：在航空业中，不是有扎实的证据证明大运营商曾有选择地、有针对性地大幅度降价，清除或约束某些城际间空运市场上的小运营商而没有引发全面价格战吗？这种差别定价不是有效地绞杀了小型独立运营商，清除了对航空寡头们的潜在竞争威胁吗？[74]

---

[73] Bork. Antitrust Paradox. 第145页。

[74] Kahn. A. E. Thinking about Predation：A Personal Diary. Paper delivered at Conference on Appraisal of the Sherman Act：1890—1990，Michigan State University，Sept. 7，1990.

最近，《华尔街日报》一篇头版文章考察了航空业定价。文章中说："航空公司之间最常见的——也许最值得质疑的——'讨论'类似这种情况：运营商A是一家小型航空公司，例如中途航空公司（Midway Airlines）或西部航空公司（America West），试图通过降低票价增加业务量。它在行业的电脑系统中输入较低票价。运营商B是家大航空公司，受到影响，于是不仅跟随降价，同时还降低自己在其他市场上的票价。运营商B还会在自己的新票价上附上特殊代码，以此把自己的报复信号传播出去。票务经理们说，一些运营商常在新票价前加上前缀'FU'，示意气急败坏。结果是，运营商B常常取消降价，剥夺消费者票价折扣。"阿斯拉·诺玛尼（Asra Nomani），《航空公司可使用价格数据网络来减少竞争》（*Airlines May Be Using a Price-Data Network to Lessen Competition*）原载于《华尔街日报》1990年6月28日，A6。

在另一篇文章中，《华尔街日报》说："几周前，布兰尼夫航空公司削减其在43个市场上的非高峰航班的票价，这让对手大吃一惊。第二天，大陆航空公司开始反击。鉴于布兰尼夫的一些降价政策针对休斯顿航空港，所以，大陆航空公司——它是德州航空公司的子公司——针锋相对地低自布兰妮弗公司的大本营堪萨斯城始发的航班票价。上周四，布兰尼夫公司只能投降，取消了特别折扣票价。"诺玛尼《机票价格前调度》（*Dispatches from the Air-Fare Front*），原载于《华尔街日报》1989年7月11日，B1。

专　家：大量不高明的理论夸大了掠夺行为的发生概率。[75]

检察官：你为什么说它们不高明？

专　家：因为这些理论天真地认为大企业能击垮小企业。[76]

检察官：可在有线电视行业中，在出现进入行为的市场上，在位的地方性垄断企业确实大幅度降低价格或为用户提供免费服务同时在没有进入行为的地区提高服务收费标准。[77] 这难道没有证明在位大企业确实能够“击垮”小企业吗？

专　家：关于竞争过程的特征，始终存在着这种肤浅的认识——法庭在这方面难辞其咎。你所说的掠夺行为，正是反托拉斯法的目的：自由市场竞争，积极的、激烈竞争。关于掠夺行为的大部分指控没有经济学依据。[78]

检察官：美国最大的啤酒生产企业安海斯-布希（Anheuser-Busch）最近在叫嚣要大幅度降价，借此约束行业中的其他企业，警告它们别进行价格竞争。这不是事实吗？它只在不到三分之一的市场上降价，没有在所有市场上普遍降价，在竞争程度低的市场上没有任何价格变化。《商业周刊》杂志因此说，布希“通过提高战争成本，维持和平”。这不是事实吗？[79] 消费者不是因此支付更高的

---

[75] Bork. Antitrust Paradox. 144.

[76] 同上。

[77] 无线卫星有线电视公司就联邦通讯委员会的“竞争、费率规制和本委员会关于有线电视服务的政策”给联邦通讯委员会的意见，MM Docket No. 89－600(Mar. 1,1990)，第 20－23 页。

[78] 对司法部反托拉斯局助理总检察官威廉·巴可斯特（William F. Baxter）的采访，见《反垄断法杂志》（*Antitrust Law Journal*）第 52 期（1983 年），第 23－27 页。

[79] Siler, J. A Warning Shot from the King of Beers. Business Week, （转下页）

价格吗？

专　家：根据现代经济学理论，你的说法等同于说一个人从窗户跳了出去却在向上跌。[80] 我已经尽我所能，清晰阐述了经济学理论如何证明掠夺性降价行为不可能发生，清晰阐述了限制掠夺性降价行为将伤害消费者。[81]

检察官：第二巡回上诉法院在1988年的一个案子中发现，美国最大的垃圾运输企业布朗宁-费里斯(Browning-Ferris)决定“不惜一切代价把(新的竞争对手)赶出行业。像捏死臭虫一样捏死对方；如果‘这意味着亏损，那就亏吧’”。在这之后，便是高达40%的降价竞争，价格下降到企业成本以下。你如何解释这一事实呢？[82]

专　家：理论上说，这种行为不可能发生。[83]

检察官：为什么？

(接上页) Dec. 18, 1989: 124. Kleinfield, N. R. The King of Beers Raises the Ante. New York Times, Dec. 24, 1989, sec. 3: 1.

斯蒂芬·奥尔德(Stephen Adler)与阿利克斯·弗里德曼(Alix Freedman)介绍了大烟草制造商B & W为把廉价“通用型”香烟的制造商L & M赶出市场而实施的种种行为，见阿德勒(Adler)与弗里曼(Freedman)《烟草诉讼暴露了卷烟企业保持高利润的方法》(Tobacco Suit Exposes Ways Cigarette Firms Keep the Profits Fat)原载于《华尔街日报》，1990年3月5日，A1。文章中说：“B & W公司的文件披露，在通用型香烟市场上，这家公司宁可亏损也要背水一战，阻止烟民背叛其产品。B & W的一份文件披露说，‘L & M即使试图保住这块业务，但缺少足够的资金实力，无法持续地全方位防守。’”(第A5页)。

对加拿大通讯业掠夺行为的全面研究，见罗伯特·E. 贝布(Robert E. Babe)《加拿大电信》(*Telecommunications in Canada*)，(Toronto: University of Toronto Press, 1990)，特别是其中的第12、13章。

[80] Bork. Judicial Precedent. 16.

[81] Bork. Antitrust Paradox. 155.

[82] Kelco Disposal v. Browning-Ferris Industries, 845 F. 2d 404, 406(2d Cir. 1988)。

[83] Bork. Antitrust Paradox. 153.

专　家：通过打压对手的业务价值，掠夺者会让其他人意识到其业务有利可图，从而让掠夺行为徒劳无功。[84]

检察官：但是，这种掠夺行为不是起到警告作用，警告未来的潜在进入者，阻止企业进入和发生这种损失吗？[85] 见识到这种掠夺性行为，资本市场还会借钱给潜在进入者吗？

专　家：常有人说，受害企业无法获得外部资金，因为资本市场不完善。贷款人拒绝提供无利可图的贷款，算不上是资本市场不完善性的证据。[86]

检察官：那么，根据你的经济学理论，对掠夺性定价，理论上正确的反托拉斯政策是什么？

专　家：掠夺性定价已经成为反托拉斯话题的一部分。[87] 对可能根本不存在的现象建立规则，似乎不是明智之举。[88]

检察官：那么，对通过提高对手的成本，促进大企业削弱竞争的掠夺性行为，例如，阻止对手获得投入品、生产设施或配送渠道，你是怎么看的？[89]

---

[84] Bork. Antitrust Paradox. 153.

[85] 经济学家阿尔弗雷德·卡恩(Alfred Kahn)发现，大量竞争对手被大航空公司以掠夺定价方式赶出航空业，导致“仿效者数量为零或接近为零”。他说：“(在航空业中)最大的进入壁垒不是霸占空港而是任何直接挑战都会遭到迅速的、针对性的和坚定的反击这一事实。”阿尔弗雷德·凯恩《关于掠夺》(*Thinking about Predation*)，7，11。

[86] Bork. Antitrust Paradox. 155.

[87] DiLorenzo，T. The Rhetoric of Antitrust. Center for the Study of American Business Contemporary Issus Series no. 22. St. Louis：CSAB，Nov. 1986：9.

[88] Bork. Antitrust Paradox. 155.

[89] Krattenmaker，T. G. & S. C. Salop. Anticompetitive Exclusion：Raising Rivals' Costs to Achieve Power over Price. Yale Law Journal 1986－12(96)：209－93.

专　家：我再说一遍：就应对掠夺性行为的任何政策而言，核心问题是在概念上无法把竞争与掠夺行为区分开来。因此，我认为，反托拉斯法或法庭都没有理由严肃对待掠夺性行为。[90]

关于卓越效率与垄断的可持续性

检察官：再回到你对效率的定义上。在你的证词中，你反复谈到在没有政府保护时，垄断或寡头垄断的持续存在，可归因于卓越效率，因此它们与最大化消费者福利的目的一致。你有证据支持这一结论吗？

专　家：就反托拉斯目的而言，我认为最终事实无法直接观察到。它们也无法被科学地量化。所谓的绩效检验和效率辩护都没有依据。无法衡量与消费者福利有关的因素；就是说，在完成经济学调查的庞大工程之后，我们对问题的认识，并不比启动调查之前更多。[91]

检察官：为什么？

专　家：我们无法确定在某个行业中是否存在价格与边际成本之间的持续差异；这种差异的程度；这种差异是否能通过分拆企业——例如，把四个企业拆为八个，或把八个企业拆为十六个——

---

[90] Easterbrook，F. H. Predatory Strategies and Counterstrategies. University of Chicago Law Review 1986(48)：246，333. For an alternative analysis，see Brock，J. W. Structural Monopoly，Technological Performance，and Predatory Innovation：Relevant Standards Under Section 2 of the Sherman Act. American Business Law Journal Fall 1983(21)：291 - 306.

[91] Bork. Antitrust Paradox. 124 - 25.

而缩小或消除；如果我们进行这种结构重组，是否会破坏任何显著的效率特征。[92]

检察官：那么，没办法勉强对真实情况进行准确衡量吗？

专　家：理论上说，没有这种可能性。而且，在假想的情况中，没有可能进行正确估计。[93]

检察官：为什么？

专　家：就以需要了解的两个因素为例：需求曲线与所有可能的产量范围上的边际成本曲线。只有当我们知道边际成本与需求在哪里相交时，我们才能确定是否存在对产量的限制，才能确定这种限制是否显著。[94]

检察官：你是说，不可能得到这一信息？

专　家：得不到。没有人——包括所涉及的公司——知道这些曲线。描述企业行为的图示误导了许多人。[95]

检察官：如果有关图形——像之前我们看过的图形——具有误导作用，则企业管理阶层在做出日常决策和长期决策时，遵循什么原则呢？

专　家：企业管理阶层可能永远想不到我们图上的曲线。管理阶层可能会使用公平收益率和平均成本等概念，但是，竞争和对最大利润的追逐，将推动管理阶层走向图中的解。[96]

---

[92] Bork. Antitrust Paradox. 125.
[93] 同上。
[94] 同上，第 126 - 27 页。
[95] 同上，第 126 页。
[96] 同上。

检察官：加州大学的乔·S.贝恩(Joe S. Bain)教授不是成功地估计了美国二十个代表性行业中工厂层面与企业层面的效率特征吗？[97] 哈佛大学肯尼迪政府学院的F. M.谢勒(F. M. Scherer)不是进行过类似的大规模跨行业国际经验实证研究吗？[98]

专　家：这些研究和类似的研究都有致命缺陷，因为它们只衡量工程效率或者说技术效率。它们漏掉了诸如营销效率、财务效率、和管理效率等重要的效率因素。对宣称反映技术效率的成本曲线，大可不必相信。[99]

法　官：(面对证人)等一下！就经验证据而言，我们还剩下什么呢？我，还有其他**法官**，以什么为基础判决案子呢？以抽象的经济学理论为基础还是以具体案子的事实为依据呢？

专　家：我们得相信理论并依赖常识。[100] 我们必须认识到，经

---

[97] 在对二十个代表性行业的研究中，贝恩发现，在十一个行业中，最小成本(最高效率)工厂的规模不到行业的全国销量的2.5%；在十五个行业中，不到全国销量的7.5%；只在一个行业里，这一数字超过15%。而且，在估计多工厂经济时，贝恩发现，在六个行业里，多工厂的成本优势"可以忽略或者根本不存在"；在另外六个行业中，这一优势虽然"能观察到"但是"相当小"；在剩下八个行业中，他没能得到任何估计值。乔·S.贝恩《新竞争者的壁垒》(*Barriers to New Competition* Cambridge：Harvard University Press，1956：73,85－88)。这些结果并不支持美国行业的集中度能用技术因素解释的论断。

[98] Scherer，F. M. et. al. The Economics of Multi-Plant Operation：An International Comparisons Study. Cambridge：Harvard University Press，1975.

[99] Bork. Antitrust Paradox. 127.

[100] 波斯纳《反托拉斯法》第91页。芝加哥大学的校友梅尔文·雷德(Melvin W. Reder)在对芝加哥学派的全面评述中，批判了这一方法论。雷德写道，在大部分科学研究中，用证据检验理论是常态。但是，"芝加哥学派经济学家评价他们自己的研究和其他人的研究的标准之一，却是经验实证研究的发现与标准价格理论的结论一致。"梅尔文·W.里德(Melvin W. Reder)《芝加哥经济学：持久与变化》(*Chicago Economics: Permanence and Change*)，《经济文献杂志》(*Journal of Economic Literature*) 20(1982)，13。如果证据与其严格的先验均衡假定矛盾，就重新检验数据，重新展开研究，直至矛盾消失。他们不承认在长期均衡中竞争市场模型无法解释现象的可能性。

济学家,和其他科学家一样,一般只衡量能够衡量的东西而忽视其余,即使没被衡量的可能比所衡量到的更重要。[101]

检察官: 好吧。我们现在回头看看你所作证词。你说现代微观经济学理论——一些人称之为新学识——是门科学,不仅解释经济行为还解释人的一般行为。

专　家: 对的。

检察官: 你认为反托拉斯的核心是促进消费者福利,你将这一概念等同于配置效率——"消费者对商品和服务的支付意愿的加总。"[102]

专　家: 对的。

检察官: 你认为,只有通过观察在市场上资源达成的实际交易,才能确定这一支付意愿。

专　家: 是的。

检察官: 当资源根据这种"自愿"交易,从一种用途转向另一种用途时,你认为这种转变反映了配置效率的净增长。[103]

专　家: 是的。

检察官: 简短地说,只要人们和企业自由做自己想做的事,私人利益和公共福利将达到和谐。社会资源将以最佳方式得到利用。自由放任,有助于这个世界达到最好状态。

专　家: 是的,但是有前提——我在作证过程中所指出的

---

[101] Bork. Antitrust Paradox. 127.

[102] Posner. Economic Analysis of Law. 10.

[103] 同上,第11页。

前提。

检察官：就是说，可能需要反对卡特尔与垄断，因为它们限制产量并提高价格，因此扭曲配置效率和降低消费者福利。

专　家：对的。

检察官：你还认为垄断企业——和卡特尔——受新对手的进入行为限制。

专　家：是的。

检察官：你认为，新企业的进入，是无所不在的威胁，甚至垄断市场也是可竞争的。是吗？

专　家：是的。

检察官：就是说，可能需要反对卡特尔与垄断，因为它们限制产量并提高价格，因此扭曲配置效率和降低消费者福利。

专　家：对的。

检察官：你还认为垄断企业——和卡特尔——受新对手的进入行为限制。

专　家：是的。

检察官：你认为，新企业的进入，是无所不在的威胁，甚至垄断市场也是可竞争的。是吗？

专　家：是的。

检察官：不存在进入壁垒？

专　家：不存在进入壁垒，除了由政府设置的障碍或在极不可能发生的掠夺行为的情况中。

检察官：如果垄断持续存在或者在很长时期里行业高度集

中,则说明了规模经济和卓越效率的存在,没有其他可能性。是吗?

专　家:是的。

检察官:这种卓越效率不容易进行数量界定,是吗?

专　家:是的。

法　官:(面对证人)因此,我们只能凭空相信效率的存在?

专　家:不,**法官**,不是凭空相信,是在理论的基础上和在常识的基础上。

检察官:你不是只依赖价格理论理解经济行为——和人的所有行为吗——就像拿着一张终点为怀俄明州夏延县的公路交通图试图从纽约开车去洛杉矶一样?

专　家:我不这样想。

检察官:你肯定知道许多经济学家并不认同你的观点。大部分人接受布坎南的说法"对市场如何运转了解得越多,意味着对市场如何运转了解得越多。"[104]

法　官:律师,对领会这门沉闷科学的微妙之处,我想我已达到了吸收能力的边界。我们休庭如何?

检察官:听你的,**法官**。

法　官:好吧。现在休庭,明天上午九点开庭。

---

[104] Buchanan. What Should Economists Do?. 36 - 37.

第二天
考察横向并购和纵向并购

关于横向并购和横向一体化

法　官：可以开始了。

检察官：谢谢，法官。（面对证人）克莱顿案第七节，经由塞勒-基福弗（Celler-Kefauver）法案修正，禁止在美国任何地方任何行业里进行收购，如果这种收购活动"可能严重削弱竞争或会导致垄断。"

专　家：是的。

检察官：在通过这一条款时，国会想到的是"升起的集中浪潮"……

专　家：这是个标准的反托拉斯条款，应对各种可能性。[105]

检察官：……并且，想把弱化竞争的这一趋势，消灭在萌芽状态。

---

[105] Bork. Antitrust Paradox. 202. For compilations of evidence to the contrary, see Porter, M. E. The Competitive Advantage of Nations. New York: Free Press, 1990. Weiss, L. W. ed. Concentration and Price. Cambridge: MIT Press, 1989.

专 家：要在早期阶段终止行业集中趋势，正如罗伯特·博克(Robert Bork)所说，难题是这一趋势的存在本身意味着效率或规模经济的存在。这些效率可能源于工程或生产创新、新的配送技术，或新的控制和管理技术。不管是哪一种情况，效率的存在，意味着规模越大，效率越高，对社会的好处就越大。根据某种错误的萌芽理论阻止行业中的这种集中趋势，将阻止社会实现竞争所创造的效率。[106]

检察官：如果一个行业显现出这种效率或规模经济，它们就不能通过内部扩张而非合并实现吗？

专 家：能，但是社会成本很高。

法 官：(面向证人)我必须提醒你，你的观点与既有判例直接矛盾。根据最高法院的判决，"内部扩张，更可能由对企业产品的需求增长导致，更可能提供更多的工厂投资、更多地工作岗位和更大的产量。通过合并实现的扩张，更可能削减消费者的选择机会，没有增加行业生产能力、岗位或产量。"[107]

专 家：我知道这一点，法官。但是，合并是实现规模经济的更快——并因此是——更具有成本有效性的方式。不管是哪种情况，合并或内生扩张的决定，都应该由企业自行做出。如果法律人为地阻止合并，就可能迫使企业采取代价更大的内生扩张策略。企业就更难实现更大的企业规模所增加的效率。这不仅给企业也

[106] Bork. Antitrust Paradox. 205 - 6.

[107] Brown Shoe Co. v. United States, 370 U. S. 1962(294).

给整个社会增加了无谓的成本。[108]

检察官：你是说，合并的主要动机是实现既有或在出现的规模经济？

专　家：合并的动机不止一个。和内生增长相比，它能使企业更快实现规模经济。合并，能把资产置于更有能力的经理们控制之下。并且，在通过接管报价方式进行合并时，合并，还是惩罚缺乏效率或腐败的经理的方式之一。[109] 如果合并的目的不是提高效率，则合并就不会发生。合并确实在发生的事实，意味着提高效率确实是理性企业在达成合并交易时追求的目的。

检察官：你说理性的企业做出提高效率的理性决策。但是，我们不需要明确这些决策者是谁，他们的利益是什么，他们的利益是否真地与公司效率一致吗？例如，二十世纪八十年代的典型接管者T. 布恩·皮肯斯(T. Boone Pickens)就说过，在美国企业中，存在着拥有公司的股东与控制公司的管理阶层之间的分离。他说，CEO们通常只持有很少数量的公司股份，却掌控着数十亿公司资产。他说，公司经理们就像是官僚，追求有利于他们自己的目标，牺牲了公司的效率——包括通过无经济效率理由的并购，扩大自己的公司王国。[110]

---

[108] Bork. Antitrust Paradox. 207.

[109] Posner. Antitrust Law. 96.

[110] Pickens，T. B. Boone. Boston：Houghton Mifflin Co.，1987：280 - 90. 阿道夫·伯利(Adolph Berle)与加德纳·米恩斯(Gardner Means)最早提出这一思想，并全面探讨了其意义和结果，见阿道夫·伯利与加德纳·米恩斯《现代公司与私有财产》(*The Modern Corporation and Private Property*，New York：Macmillan，1937)。

专　家: 经济学理论确实指出公司经理们可能有动机扩张其企业,超过最大化股东财富所需要的规模。但是,产品市场与要素市场上的竞争,限制了这一趋势,把此类活动的收益压向其最小平均成本。[111]

检察官: 不管合并活动后面的目的,我们真的有把握其结果肯定促进效率?

专　家: 不一定。但是,不必忧心忡忡。市场将确保那些提高效率的合并活动能生存下来,而不成功的合并活动将自己解体。

检察官: 但这不是导致社会浪费吗? 持续的合并/解体、收购/出售过程,就经理们的管理才能的误配置而言——没有生产效率甚至降低效率的时间、金钱和资源投资而言——不是意味着显著的机会成本吗?

专　家: 也许吧。可这就是自由市场的运转方式。和漫长的反托拉斯诉讼和忽视基本经济学原理的靠不住的法庭判决相比,它的成本实际上并不高。建立运转良好的资本资产市场,能显著提高经济福利。[112]

检察官: 让我们暂时回到现实世界,探讨并购诱生的企业规模与效率之间的关系。就以美国钢铁业为例吧。它是个寡头行业,由一些横向和纵向一体化的巨头们控制。事实上,这些公司都

---

[111] Jensen, M. C. The Takeover Controversy: Analysis and Evidence. Coffee, J. C. & L. Lowenstein & Ackerman, S. R. eds. Knights, Raiders and Targets. New York: Oxford University Press, 1988: 321 - 22.

[112] Turner, D. Conglomerate Mergers and Section 7 of the Clayton Act. Harvard Law Review 1965(78): 1317.

是通过收购而非逐步增加生产设施而起步和增长。被收购的各个企业，常常没有组成有机的整体。结果便是仓促合并形成的庞然大物，没有任何经营效率。[113]

专　家：那只是零碎的传闻证据而已。

检察官：美国大型一体化钢铁企业以技术落后和缺乏创新动力而闻名，这不是事实吗？相对于其国内规模较小的对手和国外的竞争者，美国钢铁业巨头们在采用氧气炉和连铸等基本炼钢工艺上，远远落在后面，这不是事实吗？

专　家：这些巨头们为此付出了代价。它们把市场份额丢给了小钢厂和进口钢材。自由市场在起作用。它惩罚业绩不良者。

检察官：市场用了多长时间惩罚业绩不良者？三十年？

专　家：差不多吧。

检察官：为此付出了多大的经济和社会成本？从 1955 年到 1987 年，钢铁业减少了 45 万个工作岗位，对很多城镇和社区造成

---

[113] 二十世纪三十年代，美国钢铁公司（U. S. Steel）聘请管理咨询公司对公司进行内部效率评估。咨询管理公司发现，这家美国最大的钢铁企业是个"没有活力的庞然大物，生产经营缺乏合理协调，缺少长期计划，依靠过时的成本会计系统，不了解所出售的成千上万种产品的成本或相对获利能力；生产与成本标准普遍低于其他行业日常经营中采用的标准；对国内市场缺乏足够了解，对国外市场上的机会没有清晰认识；生产设施的营运效率低于竞争对手……"（U. S. Congress, Hearing on the Study of Monopoly, 81 st Cong. , 1 st sess. , 1950, 4－A，第 967 页）。今天，在成立八十年后，在其相对规模大量缩减后，美国钢铁公司依然是"管理层级最严重、官僚程度最高的美国公司之一，近亲繁殖、中央集权和官僚体系阻碍变革。"威廉·C. 西蒙兹（William C. Symonds）《商界最棘手的工作》（*The Toughest Job in Business*，原载于《商业周刊》，1985 年 2 月 25 日，第 50－51 页）。在金融界，美国钢铁公司和其他钢铁巨头都不被认为是效率楷模。

破坏性影响。[14]

专　家：是的。市场一旦下手，可谓毫不留情。

检察官：如果造成钢铁业寡头结构的众多并购活动，在萌芽状态就被阻止的话，情况又如何呢？今天，我们肯定有更具竞争力、更有效率的美国钢铁业——即使没有政府保护，也能够独立发展，并且可能屡屡逃脱经济与社会危机，不是吗？

专　家：这纯属猜测和臆想。就钢铁业而言，市场的魔力正像经济学理论所预测的那样在起作用。我对此已经很满意了。

检察官：那么，汽车业呢？通用汽车公司前总裁埃利奥特·M.埃斯蒂斯(Elliott M. Estes)说，"雪佛莱事业部就是个庞然大物，你摇摇它的尾巴，在另外一头没有任何反应。它很大，真的没办法撼动它。你只能跟着它走。"你对此怎么看？通用汽车公司为什么要把土星项目作为独立的子公司运营，尽可能地独立于其官僚化的母公司呢？如果通用公司其他主要的事业部也能以此方式摆脱公司规模至上的信念的束缚，不是就能实现巨大的效率收益吗？

专　家：你又在猜测和臆想。

检察官：大量证据证明并购活动并不起作用——不仅有来自经济学文献中的证据，还有严肃的商业刊物中的文章——"现在，在制造业中，小就是美""并购真得起作用吗？不常如此，并且，甚

---

[14] U.S. General Accounting Office. International Trade: The Health of the U.S. Steel Industry. Report no. GAO/NSIAD-89-193(July 1989).

至对当前的并购狂热症提出了更多质疑”“分拆，它与并购反其道而行之：公司出售资产、剥离事业部，甚至出售它们自己”“规模大，不起作用”“规模大，却走向崩溃”。这些证据与你所传播的理论似乎并不一致。

专　家：记者们不独立思考。正如我说过的，如果并购活动具有生命力，它将生存下去；否则，它终将解体。让市场来决定。不要介入到市场过程。政府要远离企业。

法　官：等一下！（面对证人）你是说，所有的政府干预都是不应该的？你是说，应该完全无视《克莱顿法》（Clayton Act）的第七节？你是说，我和其他法官没有领会国会本意，而在进行法庭立法？你肯定知道，在通过1950年的塞勒-基福弗法案（Celler-Kefauver Act）时，国会清楚地表达了自己的意图：“限制由公司并购活动所导致的经济集中度进一步上升”？[115]

专　家：我无意冒犯，法官大人，但我更赞同博克法官和波斯纳法官的立场：原则上说，对导致市场集中度上升至60%到70%的并购活动，不应该提出质疑。它们应该自动地被视为合法。[116]

检察官：你这么说，很让我意外。你肯定知道博克/波斯纳的立场与芝加哥学派中坚人物、诺贝尔奖得主斯蒂格勒的立场差异甚大。斯蒂格勒认为，对市场份额占行业产量20%或更高的企业所进行的任何并购活动，都应该自动地视为违反克雷顿法案。你

---

[115] S. Rept. 1775, 81st Cong., 2d sess., 1950(3).

[116] Bork. Antitrust Paradox. 221.

肯定知道这一点。斯蒂格勒写道，这种严厉措施，“理应在美国的反托拉斯政策中拥有显赫地位。”[117]这会保持竞争，同时不会恶化经济绩效。

专　家：那是斯蒂格勒在三十年或三十五年前的立场，未必是他今天的立场。

检察官：但是，博克/波斯纳标准意味着应用谢尔曼法——垄断标准——于反并购法的裁决。不是这样吗？

专　家：博克法官并非这么死板。他曾表示愿意放弃这个“60%到70%”标准。他曾建议把所有的横向并购案合法化，前提是行业里至少有三家大企业。[118]

检察官：这一标准意味着什么？

专　家：在集中度低的市场上，一个企业通过并购活动所取得的最大市场份额不能超过40%。在已有一个企业取得50%份额的市场上，这个企业不能再进行并购活动，其他企业不能利用并购取得30%以上的市场份额——极端情况除外，例如某个并购方行将倒闭。[119]

检察官：你是说，根据博克的标准，对美国钢铁公司和伯利恒钢铁公司（Bethlehem Steel）——美国钢铁业排行第一和第二的两家企业——之间的合并，应该予以放行？对福特公司与克莱斯勒

---

[117] Stigler, G. Mergers and Preventive Antitrust Policy. University of Pennsylvania Law Review 1955(104): 181 - 82, 184.

[118] Bork. Antitrust Paradox. 221 - 22.

[119] 同上，第222页。

公司——美国汽车业中排行第二和第三的企业——之间的合并，应该放行？这种合并不会强化寡头垄断并因此严重削弱第七节意义上的竞争吗？

专　家： 不会削弱竞争，因为合并形成的企业没有能力限制产量而降低消费者福利。

检察官： 为什么呢？

专　家： 主要是因为潜在的竞争和对对手进入的忧虑。对合并形成的企业而言，限制产量和提高价格，不是理性行为。

检察官： 能详细谈谈吗？

关于相关市场

专　家： 由于对相关市场概念的错误定义，市场力量的存在和它对公众的恶性后果被严重夸大。

检察官： 请解释。

专　家： 相关市场的定义，包含产品成分和地理因素两个方面。例如，一个企业在玻璃纸的生产上可能拥有很大市场份额。但是，玻璃纸有很多替代品，例如，蜡纸、铝箔纸等。玻璃纸生产企业必须重视其产品与这些替代品之间的交叉需求弹性。在这种情况中，企业不会限制产量或提高价格。

检察官： 你是说，在评估某起并购活动时，有关产品市场必须定义得足够宽泛，把所有可能的替代品包含在内？

专　家： 完全正确。

检察官：这样的市场界定，将大大降低行业集中度？

专　家：是的。

检察官：进而使甚至规模很大的并购案对竞争的负面影响小很多？

专　家：是的。

检察官：相关市场概念中的地理因素又是什么呢？

专　家：以汽车业为例吧。假设我们试图计算福特与克莱斯勒拟议中的合并所设计的市场份额。有关地理市场的正确定义，不仅包含美国本土汽车制造商——美国公司加上日本在美国的汽车厂——还包含外国汽车制造商在美国市场上销售的汽车。原因很简单：外国汽车制造商已经证明了在美国市场销售汽车的能力，如果美国汽车价格上升，它们就能增加销量。它们只需把其他市场上的销量转移到美国市场上。[120]

检察官：你将此称为供给弹性吧？

专　家：是的。但是，要正确界定地理市场，还需要做两件事。在计算外国制造商在美国市场的份额时，我们不仅需要考虑它们在美国的实际销售量，还必须把它们在美国市场的潜在销售量包含在内。换句话说，我们必须考虑外国制造商的全部产量，而不管它们在哪里出售产品。[121]

---

[120] Landes W. M. & R. A. Posner. Market Power in Antitrust Cases. Harvard Law Review 1981－3(94)：963. For a contrary view, see Brennan, T. J. Mistaken Elasticities and Misleading Rules. Harvard Law Review 1982(95)：1849.

[121] Landes & Posner. Market Power in Antitrust Cases. 964.

检察官：另一件事呢？

专　家：考虑美国市场上的外国制造商的总产量的逻辑，意味着需要把它们的全部生产能力包含在内，而不管这些生产能力坐落何处？[122]

检察官：为什么？

专　家：闲置生产能力意味着供给弹性很高。这种生产能力能随时投入生产而不会增加固定成本。因此，它是对美国本土制造企业的有效约束，只要它们试图限制产量或提高价格而伤害消费者福利。

检察官：你是说，如果要评估麦片大制造商之间的合并，则有关的产品市场必须包括买鸡蛋的、烤面包的、卖饼干的、卖奶酪的？[123]

专　家：是的，如果这些产品与麦片之间的交叉需求弹性足够大。

检察官：你是说，要评估手提电脑生产商之间的合并，有关的地理市场为整个世界？

专　家：是的，如果在手提电脑的实际和潜在的制造商之间存在很大的交叉供给弹性。

检察官：如果用这种方法计算集中度和市场份额，如果用博克/波斯纳标准审判横向并购案的合法性，你能想到哪个合并案通不过这个标准吗？

专　家：很多。但是横向合并，由于它们对效率以及其对消

---

[122] Landes & Posner. Market Power in Antitrust Cases. 966。

[123] Pertschuk, M. Love That Market. The New Republic, 1984-5-14: 11.

费者福利的贡献所具有的良性效应，只在它们有能力限制产量和提高价格时，才应该谴责它们。没有很多并购行为具有这种潜力。

检察官：好吧，你的理论可能使你坚信这一点。但是，正如我们在德州西部看到的，那可不是奶牛吃卷心菜的方式。

专　家：求同存异吧。

关于市场全球化是否导致反托拉斯落伍于时代

检察官：好的。但是，鉴于你已经谈到了地理意义上的相关市场的全球特征，你能告诉我所谓的市场的国际化如何影响美国反托拉斯政策的意义吗？

专　家：反托拉斯政策因其穷途末路。

检察官：为什么？

专　家：因为来自国外企业的竞争，对美国本土企业削弱竞争的行为，起到更快捷、更有效率的遏制——超出美国反托拉斯执法者们的期望。[124] 例如，即使美国本土汽车业仅由几家企业组成，考虑到残酷的国际竞争，谁会指控它们垄断市场？[125] 即使通用汽车公司和福特公司合并，合并形成的企业依然面对着来自日本、德国、韩国、法国和英国汽车制造商的竞争。

检察官：但是，你没有想到美国企业可以通过合资企业、全球

---

[124] 对美国司法部反托拉斯局助理总检察官查尔斯·F. 鲁尔(Charles F. Rule)的访谈，《反托斯法杂志》第 58 期(1989)，第 377，382 页。

[125] DiLorenzo. The Rhetoric of Antitrust. 3.

卡特尔或与主要的国外竞争对手合并而中和来自外国企业的竞争。以汽车业为例，你肯定也认为来自外国的竞争严重动摇了美国二战后形成的持续几十年的寡头垄断结构。

专　家：是的。由于日本和其他外国公司的参与，美国汽车市场和钢铁业的竞争程度加剧。[126]

检察官：但是，近年来，美国汽车业三巨头已与外国竞争对手组建了很多"合资企业"，包括通用-丰田、通用-铃木、通用-本田、通用-大宇、通用-萨博、福特-马自达、福特-马自达-起亚、福特-大众、福特-尼桑、克莱斯勒-三星、克莱斯勒-三星、克莱斯勒-大众和克莱斯勒-标致等。[127] 这张合资企业的大网又延伸开来，世界上主要的汽车厂商都加入其中。用伦敦《经济学家》杂志的话说："保时捷与铃木有什么联系？答案是：大众的奥迪事业部为保时捷提供组装服务，大众在巴西与福特有合资厂，福特与尼桑合作为美国市场开发新款小货车，尼桑拥有富士重工（它生产斯巴鲁轿车）5%股份，斯巴鲁与铃木在美国有合资车厂，通用汽车拥有铃木 38%股份——并且通用汽车拥有铃木 5%股份。"[128]这些合资企业削弱了

---

[126] Becker, G. S. Antitrust's Only Proper Quarry: Collusion. Business Week, Oct. 12, 1987: 22.

[127] Adams W. & J. Brock. Joint Ventures, Antitrust, and Transnational Cartelization. Northwestern Journal of International Law and Business 1991(11): 433－83.

[128] 《找不同》(*Spot the Difference*)《经济学人》1990 年 2 月 24 日，第 74 页。在美国钢铁业中，合资企业就有美国钢铁公司-柯布钢铁公司、LTV 钢铁公司-苏米特莫钢铁公司、阿尔莫科钢铁-川崎钢铁公司等很多家……。见亚当斯与布罗克(Joint Ventures, Antitrust, and Transnational Cartelization)。

美国本土汽车业的竞争程度。教授，我现在请教，难道如此宽广和复杂的合资企业网络没有把这些企业之间的竞争关系转变为全球伙伴关系吗？

专　家：未必。里根政府的联邦贸易委员会主席詹姆斯·C. 米勒(James C. Miller)在裁决通用-丰田合资企业案子时说，跨国合资企业能够为美国汽车制造商提供宝贵机会，学习更有效率的制造技术，借此更有竞争力地面对外国汽车制造商的挑战。[129]

检察官：通用汽车公司的庞大体积导致它无法提升效率。撇开这一点不谈，当跨国合资企业把竞争对手们变为亲密伴侣时，竞争程度真的因此加强？在航空业中，企业之间的并购，把美国航空业集中到几个巨无霸运营商手中，它们在全美主要机场和城市中成功实现了空港垄断。今天，美国航空寡头们通过合资企业和合作经营协议迅速与主要的外国航空运营商们——它们潜在的竞争对手——建立起伙伴关系：联合航空-英航、联合航空-阿利塔利亚、西北航空-荷兰航空(KLM)、斯堪的纳维亚航空(SAS)-东方/大陆航空、达美(Delta)-瑞士航空、美航-法航。[130] 难道如此规模与层次的企业之间的合资行为没有削弱全球竞争——作为本土反托拉斯政策的替代——的有效性吗？

专　家：未必。市场全球化，意味着在此前存在"寡头垄断问

---

[129] 联邦贸易委员会主席詹姆士·C. 米勒(James C. Miller)就通用汽车-丰田合资企业在美国国会作证证词，1984 年 4 月 11 日，重印于美国国会众议院商业、运输和旅游委员会，《汽车工行的未来》(*Future of the Automobile Industry*, 98th Cong., 2d sess., 1984: 495-96)。

[130] Adams & Brock. Joint Ventures, Antitrust, and Transnational Cartelization.

题”的行业中，企业都得面对世界范围内其他企业施加的竞争压力，[131]不管它们是否是伙伴——正如联邦贸易委员会前主席米勒所指出的，合资企业通常提升竞争程度。

检察官：但是，它们真的面对有效竞争吗？在石油行业中，世界上最大的一些企业在每个生产环节上——不管是在美国和在外国——通过联合勘探、联合竞标、联合生产和联合管道输油协议，构造出错综复杂的关联关系[132]。以共同建设和经营输油管道而言，大石油公司在分配管道输送配额时，实际上就是在分配市场份额。不是这样吗？它们不是彼此披露各自的长期扩张计划、收缩计划、销售和营销计划吗？不是在详细披露这一切吗？这一切难道没有削弱它们之间的有效竞争吗？

专　家：让我回到前面虚构的情况中。如果福特和克莱斯勒合并，如果它们试图把价格提高到竞争水平以上，则通用汽车公司和日本、德国、韩国和英国的竞争对手们，就会生吃了它们。所以，对这种合并，真的没有可担心之处。[133]

检察官：但是，如果这些企业之间是伙伴关系的话，它们会像你说的那样“生吃了对方”？在两次世界大战之间的激进的自由放

---

[131] Baxter, W. F. The Common Core of Antitrust Concern. Antitrust in the Competitive World of the 1980s, Conference Board Research Bulletin no. 112. New York: Conference Board, 1982.

[132] Adams, W. & J. Brock. The “New Learning” and the Euthanasia of Antitrust. California Law Review 1986(74): 1515, 1529 - 32.

[133] Bork, R. Antitrust Issues for A New Administration. Conference Board Research Bulletin no. 233. New York: Conference Board, 1989: 20.

任时期，跨国合资企业大量存在，囊括美国企业和外国企业的全球性卡特尔的历史有据可查。[134] 你不是忽视了这些证据吧？而且，如果通用汽车和福特合并，因此形成的巨无霸能够施加巨大政治影响，推动政府对进口汽车实行进口限制，削弱来自国外企业的竞争。你不是没看到这种可能性吧？二十世纪八十年代，美国政府对日本车实行的进口配额限制，不就是在美国汽车业三巨头授意下进行的吗？

专　家：我的专业观点是，只要政府不干预，则对美国企业之间的勾结串谋的最严厉的挑战，来自外国企业。[135]

关于垂直合并和垂直一体化

检察官：现在谈谈垂直一体化和垂直合并吧。你自然很熟悉这些概念了？

专　家：是的。一个企业，如果包含同一行业内从原材料到中间品加工到最终面向消费者销售一系列阶段中的多个阶段，则是垂直一体化企业。垂直合并是同一行业内从事不同的连续生产阶段的企业之间的合并。

检察官：换句话说，石油开采与炼制企业和石油管道运营商和零售加油站之间的合并，就是垂直合并了。电影公司收购影院，

---

[134] Adams, W. & J. Brock. The "New Learning" and the Euthanasia of Antitrust. 1522 - 27.

[135] Becker. Antitrust's Only Proper Quarry. 22.

也属于垂直合并。这种合并会创造出垂直一体化企业，从事同一行业内两个或多个生产阶段。是吗？

专　家：是的。我要强调的是，垂直一体化相当普遍。[136]

检察官：但是，在一些行业中，垂直结构尤其明显。是吧？在石油行业中，就有两类不同企业。有成百上千家小型非一体化企业，只介入这一行业的某个生产阶段。还有为数不多的垂直一体化巨无霸，例如埃克森石油公司和美孚石油公司，它们同时介入到这一行业几乎每个阶段：生产、炼制、运输和零售。

专　家：经济中每个企业都是垂直一体化企业，就是说，商品和服务在企业内部传递，而不在市场上买卖。[137] 例如，你就在假定炼油厂是个不可分解的技术单位。这种认识不正确。[138]

检察官：为什么？

专　家：甚至在炼油这一环节中，存在着很多可分离的操作。储放中间品和产成品的油罐，应该如何拥有和经营？质控实验室应该独立拥有和经营吗？[139] 所以说，垂直一体化无处不在，因为每个企业所介入的生产过程都可进一步分解，可以由不同企业进行。许多人没有看到这一点。[140]

---

[136] McGee, J. S. Industrial Organization. Englewood Cliffs, NJ: Prentice Hall, 1988: 272-73。

[137] Bork. Antitrust Paradox. 221-22.

[138] Williamson, O. E. The Economic Institutions of Capitalism. New York: Free Press, 1985: 106.

[139] 同上。

[140] McGee. Industrial Organization. 272-73.

专　家：但是，作为市场机制的支持者，你如何解释垂直一体化的存在呢？说到底，此前作为买方和卖方在市场上进行交易的两个企业，通过垂直合并，将交易从市场上转移至企业内部。不是这样的吗？垂直合并不是因此减少了市场约束下的经济活动的规模吗？

专　家：垂直一体化只是用行政指挥取代市场交易而已，因为前者被认为是更有效率的协调方式。[141] 人为地维持或增加市场数量，是代价高昂的错误。[142]

检察官：那么，你认为垂直合并和垂直一体化之所以取代市场，是因为市场缺乏效率？

专　家：在外部市场上买卖，需要耗费资源。寻找买方和卖方、交易、订立合同、执行合同等，都得付出成本。[143]

检察官：我得确保自己理解你的观点。你是说，垂直一体化之所以发生，是因为市场机制存在缺陷？

专　家：在一般均衡理论背景中，企业之出现，主要是为克服市场的不完善性。涵盖所有未来状态的合同，实际上不可能写得出来；没有这种合同，人们就会机会主义地行动；信息收益很难实现；完全通过现货市场进行交易，常常需要发生很高的交易成本。所以说，企业之出现，是为了克服市场不完善性。[144]

---

[141] Bork. Antitrust Paradox. 227.

[142] McGee. Industrial Organization. 276.

[143] 同上，第 272 页。

[144] Baxter, W. F. The Viability of Vertical Restraints Doctrine. California Law Review 1987(75): 933, 948.

检察官：能说说中央化的层级控制，作为阻止社会经济活动的机制，为什么优于市场？

专　家：当然可以。相对于谈判或诉讼，权力能更有效率地解决纠纷。独立的企业之间的纠纷极少——甚至无法——通过命令化解。相对于市场，内部组织，凭借更细致的等级体制，在需要真实性、权威性和智识时，拥有市场所不具有的信息沟通优势。而且，企业奖优罚劣、影响雇员的纪律机制更精细、更具有选择性。[145]

检察官：通用汽车公司高度垂直一体化，生产本身所需的70%多的零部件。但是，大量证据表明，这种垂直一体化通过削弱它的灵活性而削弱其效率。这不是事实吗？[146] 在贝尔系统的垂直一体化垄断地位解体之前，它自己的官员就承认偏重内部供应事

---

[145] Williamson, O. E. Markets and Hierarchies. New York: Free Press, 1987: 101, 102, 106.

[146] 在行业中，通用汽车公司的单位成本最高。《商业周刊》报告说，通用汽车公司"一体化的工厂，制造通用公司所需的超过三分之二的部件，已经成为高成本问题。"威廉·J. 汉普顿(William J. Hampton)与詹姆士·R. 诺曼(James R. Norman)《通用汽车：哪里出了错？》(*GM: What Went Wrong*)原载于《商业周刊》1987年3月16日，第103页。伦敦保守的《经济学人》杂志则说，"高明的企业经营，要求持续应用新技术。但是，通常情况下，雇佣新的技能和购买创新性部件，比收购提供这类技能和部件的公司更好。汽车和汽车制造技术在快速发展，聪明的汽车制造商有开放头脑。'捆绑供应商'虽然具有稳定性和排他性，却常常是陷阱。"《经济学人》1986年12月13日第15页。见多伦·莱温(Doron Levin)《探索巨头：在高科技的驱动下，通用汽车公司的利润输给了对手》(*Groping Giant: In a High-Tech Drive, GM Falls below Rivals in Auto Profit Margins*)，原载于《华尔街日报》1986年7月22日第14页。多伦·莱温说，通用汽车公司的经理们感觉有义务内部采购部件，这削弱了其部件生产单位的效率。

在钢铁业中，非垂直一体化的专业化"小钢厂"(mini-mill)企业，在效率和创新方面走在前头，它们不仅从垂直一体化的美国钢铁业巨头手中抢夺市场份额，甚至从外国制造商手中抢夺市场份额。见沃尔特·亚当斯与詹姆斯·布罗克(*The Bigness Complex*, New York: Pantheon, 1987: 34－38, 57－59)。

业部，即使外部设备供应商在技术创新和生产效率方面更加卓越。这不是事实吗？(147) 在这些证据面前，你怎么能认为内部层级结构在经济上优于市场呢？

专　家： 垂直一体化，通过协调利益和激活各种激励与控制过程，节约交易成本。(148)

检察官： 就是说，作为市场经济的倡导者，你认为市场机制为一方、对经济活动的行政-层级控制机制为另一方，在两者之间的选择仅取决于各自的相对效率？

专　家： 在组织交易的各种方式之间做出选择时，关键的问题是

---

(147) AT&T 的经理们，在评价企业作为垂直一体化的垄断者的绩效时，是这样说的："我想就我们在集成电路上的成就说几句。新部件的设计与成型耗时漫长、制造环节收益很低，进入[西部电子公司，它是 AT&T 垂直一体化的设备制造事业部]制造阶段的许多部件因此成本很高，我们的系统开发部门普遍士气不振，特别是当这些部门中的员工看到从外部供应商处采购越来越多品种多样的设备时……。""甚至到 1959 年，即半导体发明十年后，（在 AT&T 位于阿伦敦的生产设施中）半导体制造速度只有每年一、二十万件。但是，在外部，速度达到了每年数千万件。""虽然这一领域中的基础发明都来自贝尔电话实验室，但是，直至最近，贝尔系统在集成电路设备的生产商落后于外部竞争对手。""在最近几年里，很明显，我们忽视了 PBX 的开发……在美国，出现了许多类型的 PBX……毫无疑问，前头的路很艰难。"引自 U. S. Congress, House, The Communications Act of 1978: Hearing before the Subcommittee on Communications of the Committee on Interstate and Foreign Commerce, 95th Cong., 2d sess., 1979, vol. 2, pt. 1,817,833（强调为本书作者所加）。

在美国政府诉美国电话电报公司的官司中（524 F. Supp. 1336（D. D. C. 1981）），格林法官发现在很多情况中，"（贝尔公司在各地的经营部门），基于独立的经营判断或工程判断，在市场上采购部件，因为外部产品成本更低、质量更高或具有其他特点等。在这些情况中，这些部门可能认识到外部产品具有的优势（或 AT&T 自己的西部电子设备制造公司的产品乏善可陈）超过从垂直一体化中实现的效率。但是，他们被要求改变思路，从西部电子公司采购——即使这意味着等待，等待上不存在的西部电子公司的产品上市。"同上，1373，n. 157。

(148) Williamson. Markets and Hierarchies. 104.

哪一种方式具有更好的效率特征。一旦采用这一思维导向，内部组织更多地是市场与层级结构的比较评价的结果，较少是技术结果。[149]

检察官： 作为经济学家，你如何确定垂直一体化事实上——而非理论上——真的有效率？

专　家： 从严格科学角度看，它肯定有效率。

检察官： 为什么？

专　家： 因为它发生了。当通过垂直一体化能实现的效率一目了然时，垂直一体化趋势就会出现。这种趋势只是企业对环境变化的反应。萌芽于这种趋势中的，是新的效率触手可及。[150]

检察官： 你所描述的这种效率，能够观察到和衡量吗？

专　家： 很难证实或衡量能节省的成本。[151] 你只能基于所观察到的行为，假定它们存在。

检察官： 仅有假定并不够。现在谈谈垂直关系可能导致的反竞争效应吧。

专　家： 没有任何反竞争效应。

检察官： 什么？

专　家： 垂直关系不具有任何反竞争特点。[152] 两个企业结成

---

[149] Williamson. Markets and Hierarchies. 88。鲁道夫·佩里茨（Rudolph J. Peritz）就垂直一体化问题，提出了自己的观点。见佩里茨《纵向约束学说谱系》（*A Genealogy of Vertical Restraints Doctrine*）原载于《黑斯廷斯法律杂志》（*Hastings Law Journal*）1989(40)，第511－76页。

[150] Bork. Antitrust Paradox. 227，234.

[151] McGee. Industrial Organization. 281.

[152] 对美国助理总检察长威廉·巴克斯特的访谈《美国新闻与世界报导》（*U.S. News & World Report*），1981年8月3日第51页。

潜在供应商与潜在客户的关系，不会带来任何反竞争问题。[153]

法　官： 对不起，但我必须提醒证人，你的观点与最高法院很多判例——1947 年的黄色出租车（Yellow Cab）案[154]、1948 年的派拉蒙电影公司案[155]、1957 年的杜邦-通用汽车公司案[156]、1962 年的布朗制鞋公司案[157]和 1972 年的福特案[158]相悖。考虑到这些判例，你还认为垂直市场力量的概念纯属幻影——反竞争行为完全是横向市场力量问题吗？

专　家： 尊敬的**法官**，我只是在表达自己的观点。

检察官： 我们还得继续谈下去。就以零售价格限制为例。如果零售商们相互勾结，以相同价格销售老鼠夹子，你会认为这是个反竞争的卡特尔，会伤害消费者福利，破坏经济效率，是吧？

专　家： 当然。

检察官： 但是，如果通过零售价格限制协议，老鼠夹子的生产商要求所有的零售商以相同价格出售产品，则这种垂直施加的价格限制就不具有反竞争效应吗？和零售商们相互勾结的情况相比，它没有损害消费者福利吗？

---

[153] Big Shift in Antitrust Policy: Interview with William Baxter, Assistant Attorney General for Antitrust. Dun's Review. August 1981: 40.

[154] United States v. Yellow Cab Co., 332 U.S. 218(1947).

[155] United States v. Paramount Pictures, Inc., 334 U.S. 131(1948).

[156] United States v. E. I. Du Pont de Nemours & Co., 353 U.S. 586(1957).

[157] Brown Shoe Co. v. United States, 370 U.S. 294(1962).

[158] Ford Motor Co. v. United States, 405 U.S. 562(1972).

专　家：没有损害消费者福利。正如助理总检察长巴克斯特所指出的，理论上说，这种垂直零售价格限制协议能够促进消费者福利和经济效率：通过固定零售价格，上游制造企业能够诱使零售商们通过为客户提供其他各类服务——例如，在当地做广告、各种积点服务、训练有素的销售队伍等——相互竞争。由于这些原因，垂直零售价格限制一般具有促进竞争的效应。[159]

检察官：1952年，芝加哥大学十七位经济学家——其中就有诺贝尔奖得主弗里德曼——提出了正好相反的观点。在写给国会众议院反托拉斯委员会的信中，他们敦促废弃"公平贸易"法，因为它允许这种协议："零售价格限制在两个主要方面削弱竞争：它削弱批发商与零售商之间的价格竞争，因此具有与横向价格限制同样的效应"。

他们写道，零售价格限制，"便利制造企业之间不易觉察的某些集体行动，从而削弱制造环节竞争。"[160]你肯定也知道很多研究

---

[159] 威廉・巴克斯特给通用货物链协会（Association of General Merchandise Chains）总裁爱德华・博尔达（Edward T. Borda）的信，1982年5月24日，重印于《反托拉斯杂志》52期，(1983)：714。参见巴克斯特在美国国会参议院小企业委员会关于垂直价格限制的有关问题的回答（*Hearing on Federal Antitrust Enforcement and Small Business*, 97th Cong., 2nd sess.: 1982, 122-23, 131-34）。

前联邦贸易委员会主席罗伯特・皮托夫斯基（Robert Pitofsky）指出，如果生产商想让零售商提供更多服务，它们只需通过合同要求零售商们提供，而没有必要实行垂直价格限制。罗伯特・皮托夫斯基《迈尔斯博士为何正确》（*Why Dr. Miles Was Right*），原载于《法规》杂志（*Regulation*, Jan./Feb. 1984）第29页。

[160] 美国国会众议院反托拉斯委员会关于专售价格限制听证会（*Hearings on Resale Price Maintenance*, 82nd Cong., 2d sess., 1952: 868）。芝加哥大学经济学家沃德・鲍曼（Ward S. Bowman）也谴责垂直价格限制，见鲍曼《维持转售价格——一个垄断问题》（*Resale Price Maintenance — A Monopoly Problem*）原载于《商业期刊》25期（1952年7月）第141页。

（转下页）

发现，垂直价格限制显著提高面向消费者的价格，有时提高幅度达40%。[161]美国国会众议院司法委员会主席众议员杰克·布鲁克斯(Jack Brooks)估计零售价格限制每年让美国消费者多支出两百亿美元。[162]

专　家：伊斯特布鲁克(Easterbrook)法官指出，如果消费者不满意，则竞争市场——而非法庭——能最好地纠正问题。[163]

检察官：撇开零售价格限制不谈，我们回到垂直合并可能导致的反竞争效应问题上。

专　家：我说过，垂直关系包括垂直合并，没有任何反竞争

(接上页)里根总统也批判过"公平贸易"法下垂直价格限制所具有的提高价格效应：在1975年，他说，如果我们废除这些法律，"一些价格会因此下跌。这可能不会消除通货膨胀，但是，应该有帮助。"(*Congressional Record*，Jan. 23，1975：1268)。

[161] 关于这方面的综述和资料，见 Adams，W. & J. W. Brock. The Political Economy of Antitrust Exemptions. Washburn Law Journal Winter 1990(29)：225－26. Scherer，F. M. & D. Ross. Industrial Market Structure and Economic Performance，3d ed. Boston：Houghton Mifflin，1990：555－56.

例如，沙伦·奥斯特(Sharon Oster)教授发现，当李维斯公司(Levi Strauss)被禁止垂直价格限制时，列维牛仔裤的价格下跌40%。奥斯特《联邦贸易委员会诉李维斯：经济问题分析》(*The FTC v. Levi Strauss: An Analysis of the Economic Issues*)载于罗纳德·N.拉弗蒂、罗伯特·A.兰德与约翰·B.柯科伍德编写的(Ronald N. Lafferty，Robert H. Lande and John B. Kirkwood，eds.)《联邦贸易委员会垂直约束的影响评价》(*Impact Evaluations of Federal Trade Commission Vertical Restraints Cases* Washington，D.C.：Federal Trade Commission，1984，73)。

关于其他形式的垂直限制所具有的反竞争、推动价格上涨效应的研究，见威廉·F.穆勒(William F. Muller)《锡利约束：限制投机或输出?》(*The Sealy Restraints: Restrictions on Free Riding or Output?*)原载于1989《威斯康里法律评论》(*Wisconsin Law Review*：1255)，W.约翰·乔丹(W. John Jordan)在美国国会参议院司法委员会听证会上的证词(*Hearings on the Malt Beverage Interbrand Competition Act*，98th Cong.，1st and 2d sess.，1984：77－82)。

[162] Wall Street Journal. 1991－2－27(B4).

[163] Easterbrook，F. Restricted Dealing Is a Way to Compete. Regulation，1984(Jan./Feb.)：27.

效应。

检察官： 能详细解释下吗？

专　家： 假设伯利恒钢铁公司与福特公司合并，这是垂直合并。它不会带来任何麻烦。[164]

检察官： 为什么？

专　家： 因为垂直合并并不创造或加强企业限制产量的能力。[165]

检察官： 为什么？

专　家： 因为垄断力依赖于企业所拥有的市场份额。垂直一体化并不增加企业所控制的市场份额。如果一个制造企业收购其全部零售商中的一半，并且只通过所收购的这部分零售商销售产品，则其影响价格的能力没有任何变化。[166] 而且，理论明确指出，垂直一体化不影响企业的定价与产量决策。例如，如果一个企业既介入行业中的制造环节也介入零售环节，则它通过确定每个环节的产量而最大化共同利润——其对两个环节产量的选择就好像两个环节彼此独立一样。[167]

检察官： 你熟悉通常所说的垂直价格挤压行为吗？

专　家： 知道。一家制造企业收购一家零售商，并通过提高批

---

[164] Big Shift in Antitrust Policy. 40.

[165] Bork. Antitrust Paradox. 231.

[166] Bork. Vertical Integration and Competitive Processes. Weston and Peltzman, Public Policy toward Mergers. Pacific Palisades, Calif: Goodyear Publishing Co., 1969: 171 - 72.

[167] Bork. Antitrust Paradox. 228.

发价格或降低零售价格或两者并举而把损失转嫁给其他零售商。[168]

检察官：你认为这是个反竞争问题吗？

专　家：不是。

检察官：为什么？

专　家：理论上说，企业不可能以低于给外部零售企业的价格把产品卖给自己的零售部门，因为从它的制造环节向零售环节转嫁的任何实际损失都包含本可以从外部零售企业那里赚得的收益率。[169]

检察官：我们看一些具体案子。

专　家：好的。

检察官：在有线电视行业中，联邦通讯委员会最近发现，运营商们通过收购"有线电视节目制作单位和网络更多的股份"而垂直一体化。[170] 联邦通讯委员会还指出，在二十个最大有线电视网络中，这些垂直一体化的有线电视运营商持有其中十三个的股权；在八个全国性付费有线电视网络中，它们持有其中六个的股权。[171] 它说："记录表明，垂直一体化的有线电视运营商常常有能力拒绝其他多频道媒体提供商使用其垂直拥有的节目播出服务，"[172]包括

---

[168] Peltzman, S. Issues in Vertical Integration Policy. Weston and Peltzman, Public Policy toward Mergers. 171－72.

[169] Bork. Antitrust Paradox. 228.

[170] Competition, Rate Deregulation and the Commission's Policies Relating to the Provision of Cable Television Service. MM Docket No. 89－600. July 31(46), 1990.

[171] 同上，第60页。

[172] 同上。

对非一体化竞争对手征收更高接入费——和对自己下属媒体制作机构的收费相比，对对手的收费高出36%至78%。[173] 在航空业中，情况亦如此。美国审计总署(General Accounting Office，简称GAO)指出："航空公司拥有的电脑订票系统(CRS)赚得的利润高于在竞争市场上能够赚得的合理利润""这些高利润通过高订票费和增值收入赚得，实际上是把不拥有自己的订票系统的航空公司的利润转移给了拥有订票系统的公司""这种利润转移人为地提高了不拥有订票系统的运营商的成本，它们很难在市场上与拥有订票系统的公司竞争"。[174] 审计总署在报告中指出，在全美六十六个大机场中，八家大航空公司租用了90%的登机

[173] Competition, Rate Deregulation and the Commission's Policies Relating to the Provision of Cable Television Service. MM Docket No. 89-600.(46) July 31, 1990, 60，表11，app. G.。美国众议院能源和商业委员会看到"少数垂直一体化大企业控制国内有线电视市场很大份额"，认为潜在竞争对手进入有线电视节目制作领域"受到限制，并且有时完全被挡在门外"；"相对于给网络电视运营商的条款和条件"试图与它们竞争的新对手面对着"严重歧视性的条款和条件"——与给这些企业自己的下属公司的价格相比，节目接入价格有时高出460%；行业中的竞争增长"在一定程度上，因为一些(垂直一体化)电视节目制作商拒绝(与这些非一体化潜在竞争对手)做交易而受到伤害。"美国国会，众议院，682，《1989年有线电视消费者保护与竞争法案》(*Cable Television Consumer Protection and Competition Act of 1989*, 101st Cong., 2d sess., 1990，36，40，42，44)。更多的证据，见美国国会参议院商业、科学和运输委员会通讯分委员会关于有线电视业的听证会记录(*Hearing on the Cable Television Consumer Protection Act of 1989*, 101st. Cong., 2d. sess., 1990, 274-87，409-17)。

[174] 美国国会众议院关于航空业竞争的充分性(*Hearing on the Adequacy of Competition in the Airline Industry*, 101st Cong., 1st sess., 1990，292)。参见美国审计总署《航空业竞争：电脑化预订系统的影响》(*Airline Competition: Impact of Computerized Reservation Systems*, GAO/RCED-86-74, May 1986)。GAO说，"CRS运营商与旅行代理人之间关于最小使用数量的限制性合同条款，使得新航空公司实际上无法建立自己的CRS"(第17页)。

口，然后向小航空公司出租登机口，出租价格是它们缴纳给机场的价格的三到十八倍。[175] 在石油业、[176]钢铁业[177]、烟草业[178]和电信业[179]——当电信业由垂直一体化的贝尔电信公司控制时——都发生过一体化企业垂直挤压其非一体化竞争对手的情况。现在，从你作为经济学家的角度看，这些证据难道没有证明垂直一体化企业能够实行垂直价格挤压，以阻止或消除来自非一体化对手的竞争吗？

---

[175] U.S. General Accounting Office. Airline Competition: Industry Operating and Marketing Practices Limit Market Entry, GAO/RCED-90-147(Aug. 1990): 42,74.

[176] 在石油业，垂直一体化大企业利用自己的垂直定价能力约束或者清除非一体化独立企业，特别是零售环节的低价折扣运营商。例如，内华达汽油经销商"挖出了一份他们认为是大西洋富田公司(Atlantic Richfield Arco)用于提高其在拉斯维加斯地区的市场份额——在1982年到1987年间从5.5%提高到42%——的蓝图。为与独立经销商竞争，这份蓝图认为公司需要清除掉信用卡交易，更多地通过自己的加油站销售汽油。为此目的，Arco系统地要求现有独立经销商支付更高租金，这将使其中700到800个经销商退出。其中许多经销商被Arco公司自有设施取代。虽然会因此出现一段时期的低利润，但是，'随之而来的是持久的高获利能力。'"艾伦娜·苏利文(Allanna Sullivan)《小型汽油经销商申诉大商家正将它们挤出局》(*Small Gasoline Dealers Say Big Oil Is Pushing Them Out of Business*)原载于《华尔街日报》1990年10月15日。参见沃尔特·亚当斯与詹姆斯·W. 布罗克《放松管制或资产剥离：输油管案》(*Deregulation or Divestiture: The Case of Petroleum Pipelines*, Wake Forest Law Review 1983(19): 705)，以及其中引用的文件和资料。美国参议院《1976年石油产业竞争法案》(*Petroleum Industry Competition Act of 1976*, 94th Cong., 2d sess., 1976, S. Rept. 1005: 19-59)。

[177] Adams, W. Vertical Power, Dual Distribution, and the Squeeze: A Case Study in Steel. Antitrust Bulletin, May/June 1964: 493-508.

[178] 见美国烟草公司案(American Tobacco Co. et al. v. United States, 328 U.S. 781, 1946)。在这个案子中，法庭发现，大烟草公司部分地通过收购独立烟草公司使用的廉价烟叶，借此提高这种投入品的成本和挤压独立烟草公司的利润空间，把"十美分"香烟挤出了市场。

[179] 以非一体化设备制造商为接入电信系统而需要的界面设备为例，垂直一体化的AT & T"通过控制谁能在什么时间和以多大成本获得(这些设备)，……控制着潜在竞争对手进入这一市场。"United States v. American Tel. & Tel. Co., 524 F. 1336, 1351(D.D.C. 1981)。法庭还发现，在长途电信业务中，AT & T"通过对接入服务实行歧视定价……试图阻止对手进入地方性电话交换设施"(p. 1355)。

专　家： 不管会计人员怎么做账，真实成本始终是所放弃的机会成本。企业没有理由通过人为压低转移价格来补贴下属零售企业。[180]

检察官： 为什么？

专　家： 这会牺牲制造环节的利润，而且，在真实成本上的这种自我欺骗行为会使零售环节的利润率偏离经济水平。[181]

检察官： 如果一个垂直一体化企业拒绝向非一体化竞争对手提供后者所需的投入品呢？这是1982年美国地方法院阻止美孚石油收购马拉松(Marathon)石油公司的重要原因；[182]也正是这个原因，美国地方法院命令美国最大的电影制造商们出售所拥有的影院。你知道这些判决吗？[183]

专　家： 这些企业的行为本就是荒谬的。[184]

检察官： 怎么说？

专　家： 因为在企业外部，商品与服务有市场价值。这些机会成本不能被忽视。[185]

---

[180] Bork. Antitrust Paradox. 228.

[181] 同上。

[182] 见马拉松石油诉美孚石油案(Marathon Oil v. Mobil Corp., Trade Reg. Rep. 74801, Dec. 14, 1981)。法庭发现，马拉松石油公司是独立非一体化汽油零售商的重要汽油供应商。美孚石油的收购行为将改变这种格局。在上诉阶段，上诉法庭认为，"根据美孚石油公司只通过美孚加油站出售汽油一贯做法，美孚公司不可能在汽油短缺时为独立加油站继续提供服务。"(Marathon Oil v. Mobil Corp., 669 F. 25 378, 383, 6th Cir. 1981)。

[183] United States v. Paramount Pictures et al., 85 F. Supp. 881(S. D. N. Y. 1949). Adams W. & J. W. Brock. Vertical Integration, Monopoly Power, and Antitrust Policy: A Case Study of Video Entertainment. Wayne Law Review 1989 (36): 51, 55 - 63.

[184] McGee. Industrial Organization. 279.

[185] 同上。

检察官：你熟悉垂直合并和垂直一体化的阻挡效应吗？

专　家：当然。制造商 M 收购零售企业 R，由 R 销售自己的产品，借此阻挡其他制造商通过 R 销售产品。[186]

检察官：在电影行业中，最高法院发现，通过收购影院，电影制作公司——部分通过阻挡独立制片人进入关键的首轮播放影院，部分通过阻挡独立制片人进入这些电影公司的电影生产环节——能够控制整个行业。[187] 这不是事实吗？在石油行业中，联邦贸易委员会发现，一体化的大石油公司具有垂直能力，能通过限制价格竞争的独立经销商获得汽油供给而控制它们。[188] 这不是事实吗？在有线电视行业中，联邦通讯委员会发现，垂直一体化的有线电视营运商有能力阻止独立的节目生产商进入地方性有线电视网络或者对它们施加不公平条件。[189] 这不是事实吗？作为经济学家，你难道不认为这些事实证据表明垂直阻挡实际上能够削弱竞

---

[186] Bork. Vertical Integration. 146.

[187] 美国政府诉派拉蒙影业案[United States v. Paramount Pictures et al.，334 U. S. 131(148)]。在二十世纪五十和六十年代，网络电视三巨头实际上也在阻挡独立电视节目制造商进入广播电视领域。见亚当斯与布罗克《垂直一体化、垄断力量与反托拉斯政策》(*Vertical Integration*，*Monopoly Power*，*and Antitrust Policy*)和其中引用的证据与资料。

[188] “私人品牌的独立企业在进入或扩张方面所面对的最严重的困难，可能是大企业不愿意向他们批发汽油……当大企业批发供应汽油给他们时，他们更低的成本和更加进取的价格导向的营销策略，导致他们以更低价格零售汽油，以牺牲大企业利益为代价增加销售量。大量公司文件证明最大的八家石油企业都把不向独立经销商出售汽油作为公司政策。”《石油行业的兼并：联邦贸易委员会的报告》(*Mergers in the Petroleum Industry: Report of the Federal Trade Commission Sept*. 1982：266)。

[189] Competition，Rate Deregulation and the Commission’s Policies Relating to the Provision of Cable Television Service，MM Docket July 31，1990(No. 89－600)：46，70.

争吗？

专　家： 在理论上，这是不可能的。[190]

检察官： 你怎么能这么说？你不是在做阿克顿（Acton）爵士所说的“对理论的最差应用”——就是说，“让人们对事实不敏感”吧？[191]

专　家： 当然不是。如果在垂直收购行为发生前，零售市场达到均衡，则零售网点的分布模式达到最优。如果垂直一体化企业拒绝为制造环节的竞争对手提供产品，则它以对消费者不利的方式改变了品牌分布，这将降低所有零售网点包括它自己的网点的价值。[192]

检察官： 好吧。我们现在谈谈垂直一体化的第三个反竞争效应。在行业中，垂直一体化倾向，通过把现有销售渠道的控制权集中到少数垂直一体化企业手中、通过缩减此前在这些阶段之间起媒介作用的市场和通过迫使新进入者同时进入行业中多个阶段而非单一阶段，提高了进入壁垒。不是这样吗？

专　家： 你的逻辑有问题。[193]

检察官： 为什么？

专　家： 在进入行为能实现高于竞争水平的利润的前提下，同时进入两个或更多阶段而非一个阶段的要求，将阻止行业进入

---

[190] Bork. Vertical Integration. 146.

[191] Rogin, L. The Meaning and Validity of Economic Theory. New York: Harper & Brothers, 1956: 309.

[192] Peltzman. Issues in Vertical Integration Policy. 169.

[193] McGee. Industrial Organization, 279. Bork, Antitrust Paradox. 237.

行为的假定，依赖于没有证据支持的进入壁垒理论。[194]

检察官：但是，在 1982 年美孚-马拉松石油公司合并案中，美孚石油公司自己的内部文件不是说在石油业中新的竞争性进入"成本极高"吗？[195]

专　家：在经济学世界中，不存在这种进入壁垒。[196] 如果行业中实现的利润高于竞争利润，则进入行为就会发生，而不管进入者是否同时进入两个阶段。[197]

检察官：为什么？

专　家：原因很简单。没有任何资本市场不完善理论表明资本提供者会放弃高收益率行业而去寻求低利润。[198]

检察官：在此前的证词中，你说垂直一体化是对市场不完善性的反应。你能否概括你对垂直合并与垂直一体化的科学见解？

专　家：对以收购、增长或合同方式进行的垂直一体化，没有什么好担心的。[199] 应该鼓励垂直合并。[200]

检察官：你肯定知道你的观点与芝加哥大学你的同事斯蒂格

---

[194] Bork. Antitrust Paradox. 241.

[195] 上诉法庭发现，"由于所需资本规模很大，石油业的进入壁垒很高"并且，"不可能有新的垂直一体化石油公司进入市场，取代马拉松公司，为独立经销商提供汽油……美孚公司自己的文件证明新的进入行为'成本极高'。"(Marathon Oil Co. v. Mobil Corp.，669 F. 2d 378，381 6th Cir. 1981)。

[196] Bork. Antitrust Paradox. 241.

[197] Bork. Vertical Integration. 148.

[198] 同上。

[199] 同上，第 149 页。

[200] Brozen，Y. Concentration，Mergers，and Public Policy. New York：Macmillan，1982：403.

勒的观点相悖。斯蒂格勒在一篇具有开创意义的文章中说，垂直一体化本身可能不成为问题，但是，“如果在生产过程中某个阶段上存在着相当程度的市场控制力，则（垂直一体化）就丧失了清白。它可能变成武器，通过提高进入到多个一体化生产过程的成本规模，排斥新的竞争对手；或者，它可能成为实行差别定价的途径。”斯蒂格勒说，“在这两种情况中，新的垂直合并不再具有优点可言。”他因此建议，“当一个企业拥有行业五分之一或更多产出时，它的收购行为，如果超过它对其销售产品或向其购买产品的行业生产能力的5%到10%，就应该认定违反反并购法。”[201]

专　家：那是斯蒂格勒三十年前的观点——在他获诺贝尔奖之前很久的观点。如果他活到今天，他不会坚持这一观点。

法　官：今天的问答令人茅塞顿开，有时还妙趣横生。这是漫长的一天，让我回想起在芝加哥市政府任职时，指挥除雪时的情况。如果你们不反对，我们就休庭，明天上午十点开庭。

---

[201] Stigler. Mergers and Preventive Antitrust Policy. 183.

第三天
接　管

关于联合型合并和联合型一体化

法　官：预测，总是靠不住。但是，我还是忍不住要尝试一次。我预测你肯定有更多问题要问你的专家。

检察官：是的，法官大人。

法　官：好吧，请继续。

检察官：谢谢，法官。（面对证人）你熟悉“联合型合并”和“联合型一体化”两个术语吗？

专　家：联合型合并指的是既不是同一行业内的直接竞争对手也没有买卖关系的企业之间的合并。就是说，联合型合并是横向合并和垂直合并以外的一切合并。联合型一体化指的是一个企业介入到两个或更多个没有关系的市场和行业。

检察官：能举个例子说明联合型合并吗？

专　家：加州葡萄酒生产企业收购纽约制衣厂。这两个企业之间的合并就是联合型合并，因为他们并不在同一市场上销售产品，相互间也不是供应商与客户之间的关系。

检察官： 既然牵涉到联合型合并中的企业的生产业务，根据定义，没有任何技术上的关系，你对联合型合并与联合型一体化的科学解释是什么？

专　家： 它们促进效率，因此有价值。[202]

检察官： 即使它们的业务没有任何技术联系？

专　家： 资本市场在它与联合型企业的关系中存在局限性。联合型企业是对这种局限性的资本主义创造性反应。[203]

检察官： 你是说资本市场——它在市场经济中的核心功能是在各个项目和行业之间分配投资资金——存在某种缺陷？

专　家： 作为监督与纠正机制，资本市场并不十分有效。

检察官： 但是，二十世纪六十年代最瞩目的联合型企业国际电话电报公司(ITT)，最近剥离出售了近百项业务，包括石油和天然气业务、加拿大林场、大陆食品公司(Continental Baking Company)和汽水灌瓶厂。[204] 这难道不是事实吗？这不是正好说明——正如《财富》杂志指出的——ITT 虽然能够收购各种领域中的公司，却无能力有效地管理它们吗？[205] 有 ITT 这样活生生的例子，你怎么能说联合型企业优于外部资本市场呢？

专　家： 因为资本市场外在于企业，这种关系置其于严重的

---

[202] Bork. Antitrust Paradox. 248.

[203] Williamson. Markets and Hierarchies. 159.

[204] Power，C. How Cleaning House May Help ITT Clean Up. Business Week，1987(Mar. 23)：64.

[205] Colvin，G. The De-Geneening of ITT. Fortune，1982(Jan. 11)：34.

信息劣势地位。它只能做出非边际调整。并且，在纠正公司行为上，它容易发生显著成本。[206]

检察官： 但是，二十世纪六十年代的另一个联合型庞然大物，海湾与西方工业公司（Gulf & Western），不是也把自己卷入了多元业务的“概念混乱的综合”中吗？并且，近年来，它剥离出售了大约六十种业务，从制糖、制锌到烟草制造到经营赛马场？[207] 面对这些事实证据，你怎么能说对投资资金的联合型行政控制优于资本市场控制呢？

专　家： 因为联合型公司组织在这方面有优势。首先，它是内部而非外部控制机制，拥有章程赋予的权力和专业才能对其各个经营部门的绩效进行详细评估。其次，它既能进行微调也能进行离散调整。最后，联合型企业的中央机构的干预成本相对较低。[208]

检察官： 十分抱歉，我还要谈到现实世界中的例子。通用磨坊公司（General Mills）现在正在试图解套。它从进行一系列联合型并购，进入化工、箱包、双人潜艇、培乐多彩泥玩具（Play-Doh）、伊佐德运动衣（Izod sportswear）和莫奈珠宝（Monet jewelry）等多个领域，结果亏损累累。近些年里，它已经剥离出售了大约二十六种业务。[209] 这些都是事实。但是，在你看来，相对于在联合型组

---

[206] Williamson. Markets and Hierarchies. 158.

[207] Toy, S. Splitting Up: The Other Side of Merger Mania. Business Week, July 1,1985. Landro, L. Reversing Course. Wall Street Journal, 1985-6-10(1).

[208] Williamson. Markets and Hierarchies. 158-59.

[209] Weiner, S. & J. Bultman. Calling Betty Crocker. Forbes, Aug. 8,1988: 88. Beam, A. & J. H. Dobrzynski. General Mills: Toys Just Aren't Us. Business Week, Sept. 16,1985: 106. Prokesch, S. New General Mills Is “Lean and Mean”. New York Times, 1987-1-5(19).

织的行政控制下在各事业部之间进行的投资资金分配，市场对社会投资资金的配置缺乏效率。是吧？

专　家：如果决策者能够迅速和无成本地认识到全部选项并且在它们之间明智地做出选择，就没有理由用联合型组织取代资本市场。但是，当需要评估分析复杂事件时，联合型组织具有信息处理能力，能够快速、有效率和正确地做出决策。[210]

检察官：但是，《福布斯》杂志报告说，在二十世纪七十年代，石油巨头们手握大量资金，"挥霍金钱，为多元化不计代价，管理费用庞大"，结果，它们挥霍掉股东的资金——《福布斯》将其形容为"代价高昂、不动脑子的多元化"。[211] 但是，你的理论认为组织控制之所以取代市场对资本的配置，是因为行政控制更能组织这些复杂性。

专　家：在一个经济中，当资本市场进行的投资资金配置耗费显著交易成本时，内部配置资源于高收益用途上，是联合型企业最值得称道之处。在这些情况中，联合型企业起到能动的微型资本市场职能。[212]

检察官：但是，仅以钢铁业为例，阿尔莫科钢铁公司（Armco Steel）对一些保险公司进行的联合型并购产生了五亿美元损失；国家钢铁公司（National Steel）曾多元化进入医药业与便利店，现在这些业务也岌岌可危；美国钢铁公司出售了旗下业绩乏善可陈的

[210] Williamson. Markets and Hierarchies. 161－62.

[211] Tony Mack. It's Time to Take Risks. Forbes，1986(Oct. 6)：126.

[212] Williamson. Markets and Hierarchies. 259－60.

化工业务。面对这些活生生的例子,你怎么能说联合型并购"能动地"配置社会金融资本呢?

专 家: 因为在联合型企业的管理总部中,有一群精英职员,他们最有能力评估事业部绩效。他们能改善信息基础,并因此能够更细致地对事业部进行奖惩,在企业内把资源从生产率低的用途转向生产率更高的用途。[213]

检察官: 就是说,尽管有这些铁证,你的科学解释依然是与市场组织形式相比,联合型企业能更有效率地评估各种投资项目,能更有效地分配社会资本?

专 家: 对联合型企业,你最好将其理解为组织复杂经济活动的逻辑途径。[214]

检察官: 在最近的一份研究中,迈克尔·波特(Michael Porter)教授发现,联合型收购的绩效记录惨不忍睹,如果用再出售所收购的业务衡量,平均失败率为74%。[215] 雷文斯克罗夫特(Ravenscraft)与谢勒教授在对并购的研究中,根据所收集的大量证据,认为"对并购动机的内部资本市场解释存在一些严重局限性。"[216]但是,你的科学解释依然是联合型并购纠正了你所谓的外

---

[213] Williamson. Economic Institutions. 284.

[214] 同上。

[215] Porter, M. From Competitive Advantage to Corporate Strategy. Harvard Business Review 1987(65): 45.

[216] Ravenscraft. D. J. & F. M. Scherer. Mergers, Sell-offs, and Economic Efficiency Washington, D. C.: Brooking Institution, 1987: 214. Adams & Brock. Dangerous Pursuits. 96-99.

部资本市场的缺陷？

专　家：联合型收购所具有的优势是为经营不善的公司注入活力，提高管理斜率，促进更有效的财务控制机制。[217] 联合型并购可能是把大量企业资源从缺乏效率的经理转移给更有效率的经理的最重要的途径。[218]

检察官：你的观点有很好的理论支持，但是，你的观点也让我想到了反启蒙哲学家约翰·费希特(Johann Fichte)，他说，只要他的结论是严谨正确的逻辑推演结果，就没有理由探讨它们在现实中是否成立。我们现在探讨联合型并购的一些反竞争效应吧。

专　家：基本经济学分析证实联合型并购对竞争没有任何威胁。[219]

检察官：你是怎么得到这一结论的？

专　家：和垂直合并一样，联合型合并没有消除竞争对手；因此，它们没有创造或增加通过提高市场份额限制产量的能力。联合型企业对竞争没有威胁。[220]

法　官：我得提醒证人。最高法院曾经阻止过一些联合型并购，理由是这些并购会严重削弱竞争或创造垄断，违反克莱顿法第七节。毫无疑问，证人了解最高法院于 1965 年对联合食品公司

---

[217] Bork. Antitrust Paradox. 249.

[218] Baxter W. F. Mergers and Economic Concentration: Hearing before the Subcommittee on Antitrust and Monopoly of the Committee on the Judiciary, 96th Cong., 1st sess., 1979, pt. 2,28.

[219] Bork. Antitrust Paradox. 246.

[220] 同上，第 248 页。

(Consolidated Food)案子的裁决和1967年对宝洁公司案子的裁决。[221]

专 家:尊敬的法官,我必须说,在这些案子中,最高法院不过是用一堆完全没有依据的理论来说明联合型并购所造成的伤害。[222]

检察官:你熟悉被称为交叉补贴或“深口袋”的现象吗?

专 家:交叉补贴的说法认为,联合型大企业会有各种掠夺行为,因为它可以用赚钱的业务补贴不赚钱的业务。“深口袋”的说法指的是大企业有能力进行小企业负担不起的密集广告活动。[223]

检察官:你不这样认为?

专 家:根据一般经济学理论,这种观点缺乏可能性。[224]

检察官:让我们看个具体例子:啤酒业。烟草巨头菲利普·莫里斯(Philip Morris)公司——一个联合型企业——在二十世纪七十年代初收购了米勒啤酒公司(Miller Beer);投入巨资为所收购的米勒啤酒做广告,在这一过程中,承担了巨大的财务损失;并且,迅速诱发横向合并浪潮,其他啤酒生产企业只能通过合并才有

---

[221] FTC v. Consolidated Foods Corp., 380 U.S. 592(1965). FTC v. Procter & Gamble Co., 386 U.S. 568(1967).

[222] Taylor, R. E. A Talk with Antitrust Chief William Baxter. Wall Street Journal, 1982-3-4(22).

[223] Weston, J. F. Mergers and Economic Efficiency, vol. 2, Industrial Concentration, Mergers and Growth. Washington, D. C.: U. S. Dept. of Commerce, June 1981: 56.

[224] 同上。

实力匹配米勒的广告推广活动；结果是显著提高行业中四家最大企业的市场份额——从1972年的47%提高到1988年的86%——并且，其中最大的两家企业布什啤酒(Busch)与米勒啤酒的市场份额现在稳定在接近70%水平上。[225] 你怎么能说这种交叉补贴的反竞争效应不可能存在呢？

专　家：因为如果一个企业发现某些业务无利可图，它就会剥离掉这些业务而非交叉补贴这些业务。如果相对于成本支出，需求反应不是足够的高，则这种成本支出就无利可图，理性决策的公司就不会发生这些支出。[226]

检察官：我们再看另一个问题。你熟悉所谓的互换交易吗？

专　家：互换，指的是一家公司根据它向另一家公司的销售规模而非依据竞争性交易条款和产品质量决定自己的采购决策。[227] 这种行为通常被认为优惠同时也向你采购的供应商。[228]

检察官：这种互换交易没有削弱竞争吗，特别是当业务多元化

---

[225] U.S. Congress, Senate. Mergers and Industrial Concentration: Hearings before the Subcommittee on Antitrust and Monopoly of the Committee on the Judiciary, 95th Cong., 2d sess., 1978, 84-124. Mueller, W. F. Conglomerates: A "Nonindustry". Water Adams, ed., The Structure of American Industry, 8th ed. New York: Macmillan, 1990: 330-33. Connor J. M. et al. The Food Manufacturing Industries: Structures, Strategies, Performance, and Policies. Lexington, Mass.: Lexington Books, 1985: 244-59. Anheuser's Plan to Flatten Miller's Head. Business Week, Apr. 21, 1980: 171. Metz, T. Recession-resistant Brewing Industry Is Seen Becoming Highly Concentrated and Profitable. Wall Street Journal, 1979-8-28(37).

[226] Weston. Mergers and Economic Efficiency. 56.

[227] 同上，第57页。

[228] 杰西·马克姆(Jesse W. Markham)在参议院听证会作证证词，《兼并与行业集中》(*Mergers and Industrial Concentration*, pt. 1,428)。

的联合型大企业在自己所介入的许多市场上交叉使用这种做法?

专　家:你的看法没有经济学理论基础。

检察官:为什么?

专　家:因为当一个企业拥有市场力量时,它就可以直接使用这种市场力量。相互采购安排无法加强市场力量。[229]

检察官:在通用动力公司(General Dynamics)收购工业天然气生产商液碳公司(Liquid Carbonics)后,坎内拉法官发现,这次合并的主要动机——用这家企业管理阶层的话说——是"利用通用动力公司的互售能力提升液碳公司的销售前景";借助这次合并,液碳公司的管理阶层说,"通用动力公司的其他事业部因为互购目的形成的全部采购能力为我所用";对拒绝向其液碳公司事业部采购工业天然气的供应商,通用动力公司停止向它们采购。这一切不是事实吗?[230]

专　家:我听说过关于互换交易的一些经不起推敲的说法。[231]它们不过是另一背景中的杠杆谬误而已。[232]

检察官:但是,通用轮胎公司(General Tire)——一家联合型企业,业务遍及轮胎制造、航空、制造乒乓球和电台与电视台——被联邦通讯委员会裁定进行大量互换交易。其他企业如果想与通

---

[229] Benston, G. J. Conglomerate Mergers: Causes, Consequences and Remedies. Washington, D. C. : American Enterprise Institute, 1980: 27.

[230] United States v. General Dynamics Corp. , 258 F. Supp. 36,42 - 47(1966).

[231] 波斯纳在参议院听证会上的证词《兼并与行业集中》(*Mergers and Industrial Concentration*, pt. 2,10)。

[232] Bork. Antitrust Paradox. 258.

用轮胎其他事业部做生意，作为条件，得在通用轮胎的电台做广告。[233] 面对这一事实证据，你凭什么说联合型企业的互换交易是谬误呢？

专　家： 它与经济学逻辑相悖。对一家联合型大企业而言，实行这种互换交易所需的簿记是相当繁复的。[234]

检察官： 但是，通用汽车公司就凭借自己的铁路运输业务量——利用铁路运出汽车——要挟铁路公司进行互换交易。铁路公司从通用汽车公司的机车事业部采购机车，作为回报，从通用汽车公司拿到运输订单。[235] 这些事实难道不与你的互惠交易无害论矛盾吗？

专　家： 不矛盾。如果这种交易方式促进效率，就没有理由阻止。如果它导致效率降低，就没有理由认为它将被广泛采用或持续很长时间，因为它将降低企业的整体利润。[236]

检察官： 但是，《财富》杂志不是说"联合型大企业之间的互换

---

[233] Mueller, W. F. Conglomerates: A "Nonindustry". Water Adams, ed., The Structure of American Industry, 7th ed. New York: Macmillan, 1986: 275.

[234] 杰西·马克姆为美国国会参议院准备的证词，《兼并与行业集中》(*Mergers and Industrial Concentration*, pt. 1,428-29)。

[235] 例如，通用汽车公司官员就曾联系过巴尔的摩与俄亥俄铁路公司总裁，表示通用汽车公司将把一个仓库建在这家铁路公司轨道旁，作为回报，铁路公司得向通用汽车公司采购机车。根据分析师 B. C. Snell 的说法，铁路公司总裁给通用汽车公司的回函中说："这是给你的圣诞礼物……我们将采购 300 台柴油机车……现在，我们盼望着你送来的新年礼物……把你的仓库建在我们的轨道旁。"美国国会参议院(The Industrial Reorganization Act: Hearings before the Subcommittee on Antitrust and Monopoly of the Committee on the Judiciary, 93d Cong., 2d sess., 1974, pt. 4A,38-40,39)。

[236] Miller, J. C. Oversight of Government Merger Enforcement Policy: Hearings before the Committee on the Judiciary, 97th Cong., 1st sess., 1982, pt. 1,91.

交易关系会巩固称为封闭的业务圈,"并且"随着特定公司群体之间形成贸易模式和结成贸易伙伴关系,""美国经济可能完全由联合型企业控制,它们彼此之间相互交易,结成新式卡特尔体制"吗?[237] 面对这种证据,你的科学见解依然是互换交易没有任何反竞争后果吗?

专 家: 互换交易对竞争绝对没有任何影响。[238]

检察官: 再来谈谈联合型企业造成的竞争性容忍。你熟悉这个词吗?

专 家: 是的。它说的是这样一种情况:如果联合型企业甲出售商品A、B和C,联合型企业乙出售商品A、C和D,则企业甲不会在商品A市场上与乙激烈竞争,因为将导致乙在商品C市场上与甲激烈竞争。企业乙可能采取类似的竞争容忍政策。[239]

检察官: 我们还是考察一个比C和D更实在的案子吧。在二十世纪二十年代,埃克森公司(Exxon)的炼油活动逐步增加了化工品提炼,公司准备进入化工品市场。在这时,一家德国大化工企业法本公司(IG Farben)取得了重大技术突破,从煤炭中生产出合成汽油。两家企业本来会进入对方市场,迎头竞争。实际上,它们达成了"联姻协议",用埃克森石油公司的高官们的话说,协议规定"IG将远离石油业务,我们将远离化工业务,只要这对石油业务没

---

[237] Fortune. June 1965. 194.

[238] 巴克斯特在美国国会众议院作证证词(*Mergers and Acquisitions: Oversight Hearings before the Subcommittee on Monopolies and Commercial Law of the Committee on the Judiciary*, 97th Cong., 1st sess., 1983,184)。

[239] 美国国会参议院《兼并与收购》(*Mergers and Acquisitions*, 429)。

影响”。[240]

专　家：嗯。

检察官：事实上，英国化工联合体 ICI 的组织者阿尔弗雷德·蒙德(Alfred Mond)爵士很久前就说过，“企业巨头们怒目相向、挥舞拳头……试图摧毁对方的景象，在银幕上可能很有观赏性，却与事实不符”。[241] 杜邦公司的官员们也说，“在某些方向上的扩张，对企业未必是好事，如果这种扩张招致反击的话，”[242]因为在长期里，“别人也会进入你的领域。”[243]这难道不是表明联合型大企业之间的竞争容忍现象事实上会发生吗？

专　家：对同时介入很多市场的联合型大企业而言，竞争，是无法避免的。[244] 平衡一个市场上容忍竞争之所得与在另一个市场上之损失，是件相当复杂而无法做到的工作。[245]

检察官：正如你所知道的，总体集中度指的是经济中最大的

---

[240] Stocking G. W. & M. W. Watkins. Cartels in Action. New York: Twentieth Century Fund, 1946: 91 - 93,491 - 95. 美国国会参议院《国际卡特尔的经济与政治面》(*Economic and Political Aspects of International Cartels*)。科文·爱德华兹(Corwin D. Edwards)为军事活动委员会战时机动子委员会提交的报告(78th Cong., 2d sess., 1944, Committee Print, 27)。

[241] Stocking and Watkins. Cartels in Action. 429.

[242] U. S. Congress, Senate. *Economic Concentration: Hearing before the Subcommittee on Antitrust and Monopoly of the Committee on the Judiciary*, pt. 8A, *Economic Report on Corporate Mergers: Staff Report of the Federal Trade Commission*, 91st Cong., 1st sess., 1969,462.

[243] 同上。杜邦公司一位官员对德国化工企业法本官员说，“在任何业务领域中，当我们需要进入彼此的市场时，”经济利益要求“我们一起研究是否能谈判达成合作安排。”引自美国国会参议院《国际卡特尔的经济与政治面》,8。

[244] Weston. Mergers and Economic Efficiency. 57.

[245] Benston. Conglomerate Mergers. 31.

一些企业集体占有的经济活动份额,而与它们所在的具体市场和行业无关。

专 家:是的。

检察官:它衡量整个经济集中在最大的一些企业手中的程度。现在,随着这个国家的大企业纷纷通过联合型并购活动实现多元经营,经济中的总体集中度在上升,并且,因为这个缘故,更少的企业控制着更大的经济活动份额。[246] 事实不是这样的吗?

专 家:当人们谈论权力集中时,我不知道他们到底指什么。[247]

检察官:我说的是一些大企业集体控制这个国家很大部分经济决策的程度。

专 家:我不认为这是个问题。[248]

---

[246] 二十世纪六十年代和七十年代美国联合型并购浪潮显著提高了美国经济中的总体集中度,见美国国会众议院《塞勒-基福弗法案:前 27 年》,由威拉德·F. 穆勒(Williard F. Mueller)为司法委员会垄断与商法子委员会准备的报告(96th Cong., 1st sess., 1980:82-83)。

[247] 对美国助理总检察长巴克斯特的访谈,《美国新闻与世界报导》1981 年 8 月 3 日第 51 页。

更深入的分析,见沃尔特·亚当斯与詹姆斯·W. 布罗克的《集团公司复合体》(*The Bigness Complex*, New York: Pantheon Books, 1987)。华莱士·C. 彼得逊(Wallace C. Peterson)编著的《市场力量与经济》(*Market Power and the Economy* London: Kluwer Publishers, 1988),特别是道格拉斯·格里尔(Douglas Greer)的文章《经济力量的集中》(*The Concentration of Economic Power*, 53-82)。关于联合型企业的探讨,见穆勒《企业集合:非产业》(*Conglomerates: A "Nonindustry"*),载于沃尔特·亚当斯编《美国工业的结构》(*The Structure of American Industry*);科温·D. 爱德华兹(Corwin D. Edwards)《集团公司的力量》(*Conglomerate Bigness as a Source of Power*)载于国家经济研究局《业务集中与价格政策》(*Business Concentration and Price Policy*. National Bureau of Economic Research, 1955:331-52)。

[248] Big Shift in Antitrust Policy. Dun's Review, Aug. 1931:38.

检察官： 但是，作为市场经济的支持者，总体集中度的不断攀升难道不让你担心吗？这不是意味着越来越少的经济活动由市场治理，越来越多的经济活动组织在联合型企业内——就是说，脱离了市场——由企业集中管理吗？

专　家： 没有人说，这个世界会很糟糕，如果经济完全由一百家大企业控制的话。[249]

检察官： 但是，市场的功能在退化……

专　家： 就联合型企业而言，任何反托拉斯制裁措施，都会严重影响市场机制——把资产转移至其价值最大的用途上的市场机制。[250]

检察官： 但是，如果多产品、多市场联合型大企业的本质是把不相关的产品和业务组织在一个中央化的行政管理团队下，则最终形成的这个联合型企业不就和推行中央计划经济的前苏联一样吗？[251]

专　家： 这种类比在理论上显然不成立。

检察官： 为什么？

专　家： 因为联合型企业在私人部门中运转，但前苏联不是。

---

[249] Big Shift in Antitrust Policy. Dun's Review, Aug. 1931: 38.

[250] 詹姆斯·C.米勒三世(James C. Miller Ⅲ)在美国国会参议院作证证词《政府兼并政策执行的疏忽》(*Oversight of Government Merger Enforcement Policy*, 92)。

[251] 哈耶克认为，对理性与效率的激情，说明了一些经济学家对社会主义中央计划经济的一时热捧。哈耶克认为这是在社会科学中滥用逻辑推理的严重后果。见哈耶克《科学的反革命》(*Counter-Revolution of Science*)。

关于公司并购潮

检察官： 如果可以的话，我想一般性地谈谈二十世纪八十年代美国公司并购潮。

专 家： 好的。

检察官： 你知道，在二十世纪八十年代，几乎所有类型的公司并购——合并、收购、敌意接管和杠杆收购等——大爆发。并购交易的规模从1980年的1 565起跃至1988年的3 487起；涉及的企业价值总额从1980年的330亿美元跃至1988年的2 770亿美元；规模在10亿美元以上的交易，从1980年的三起增加至1988年的42起。加到一起，在二十世纪八十年代，这些交易上的支出超过万亿美元。[252]

专 家： 是的。

检察官： 请看证据2。您能看到，为给这波公司并购潮提供资金——主要通过垃圾债券提供资金——公司债务大幅度跃升，从1980年的430亿美元跃升至1987年的1 910亿美元——在这一时期，增长率达到350%。[253] 结果，公司税前利润中被公司债利息支出吞噬掉的部分增长一倍，到1988年，达到了44%。[254]

---

[252] Adams and Brock. Dangerous Pursuits. 11－12.

[253] 沃尔特·亚当斯与詹姆斯·W.布罗克美国国会众议院听证会证词《杠杆收购与破产》(*Leveraged Buyouts and Bankruptcy: Hearings Before the Subcommittee on Economic and Commercial Law*, 101st Cong., 2d sess., 1991)。

[254] 同上，表10。

表 2　垃圾债券与美国公司债总额，1980—1987

（单位：10 亿美元）

年　份	所发行的全部长短期债券	所发行的全部垃圾债券
1980	42.5	0.9
1981	37.3	1.2
1982	44.7	1.5
1983	50.1	3.6
1984	68.7	7.4
1985	89.7	8.0
1986	177.5	24.3
1987	191.3	26.1

资料来源：《1989 年美国总统经济报告》（*Economic Report of the President*, 1989）第 415 页，巴里·维格摩尔（Barry Wigmore）《垃圾债券质量的下降，1980—1988》（*The Decline in Quality of Junk Bond Issues*, 1980—1988）。未出版手稿，1988。

专　家：我知道。

检察官：现在，作为一位经济学家，你如何评估这一史无前例的并购浪潮？

专　家：我的方法是假定花钱进行这些收购活动并且其动机只能是赚更多的钱的那些人，是最可能正确判断出哪些并购交易将提高生产率的人。

检察官：你为什么做这种假定？

专　家：因为他们能赚到更多的钱的唯一途径是让所购买的资产在自己手中更具生产价值——比在出售这些资产的人手中的

生产价值更高。他们在赌自己的命运。[255]

检察官:能解释你的假定吗?

专 家:当然。在公司控制权市场上,各个管理团队竞相购买管理公司资源的权利。

检察官:但是,你没有考虑内部人——在位管理阶层和接管者等人——在这些并购交易中的表现,他们牺牲股东利益和企业的经济绩效,巩固自己的利益。在松下最近对 MCA 的收购中,MCA 的总裁因为安排这场交易得到了 2 100 万美元的奖金,薪酬从每年 90 万美元增加到 860 万美元。[256] 与斯堪的纳维亚航空公司的交易让弗兰克·洛伦佐(Frank Lorenzo)卖掉了自己在大陆航空公司的股份,并且是在大陆航空公司宣布破产前几个月,出售价格是股票市场上其他股东得到的价格的两倍。当然了,大陆航空公司本就负债累累,经营亏损,他购买这家公司股份的目的也是为了便于进一步收购扩张。[257] 都市传媒公司(Metromedia)管理阶层把公司私有化,支付给股东 7.24 亿美元——结果证明这家公司的价值至少六倍于这个数字。[258] 并且,正如约翰·肯尼思·加尔布

---

[255] 巴克斯特在美国国会参议院听证会证词《美国经济的生产力》(*Productivity in the American Economy*, 1982: Hearing before the Subcommittee on Employment and Productivity of the Committee on Labor and Human Resources, 97th Cong., 2d sess., 1982,4985)。

[256] Turner R. & R. Smith. MCA's Sheinberg to Receive $21 Million as Bonus in 5-Year Matsushita Contract. Wall Street Journal, 1990-12-3(A6).

[257] Norris, F. A Good Deal for Lorenzo. New York Times, 1990-8-10(C8).

[258] "Where Are the Shareholders' Yachts? But John Kluge Pockets Billions from Metromedia LBO,"*Barron's*, 1987-8-18(100)。更多的例子,见亚当斯与布罗克《危险的追求》, 44-56,74-79,107-13。

雷思(John Kenneth Galbraith)所指出的和许多已定罪的诈骗犯们所证实的那样，金融交易，即使不把交易者带向坟墓，至少是把他们带向监狱。[259] 难道这些都不是事实吗?

专　家：也许有这种情况吧。但是，当公司内部控制机制和董事会层面的控制机制缓慢、笨拙甚至完全失灵时，这些公司重组在实现组织变革、激励更有效率的资源配置和保护股东方面起着重要作用。[260]

检察官：律师和投资银行的天价收费——在雷诺兹-纳贝斯克(RJR-Nabisco)收购交易中，就可能达到五亿美元——也许给并购交易浪潮火上加油。根据《财富》杂志的说法，华尔街从公司接管活动中赚到的利润"比所谓的协同效应和多元化经营等更能解释当前的并购狂潮。"[261]《财富》杂志还说，"人们为什么愿意支付210亿美元购买一家饼干和烟草生产企业(雷诺兹-纳贝斯克)?这个问题没有问到位。更好的问法是：华尔街上哪些人从并购交

---

[259] Galbraith, J. K. From Stupidity to Cupidity. New York Review of Books, Nov. 24, 1988: 12.

[260] 迈克尔·詹森(Michael C. Jensen)教授在美国国会众议院听证会证词，《兼并与收购的影响》(*Impact of Mergers and Acquisitions: Hearing before the Subcommittee on Telecommunications and Finance of the Committee on Energy and Commerce*, 100th Cong., 1st sess., 1987)。

[261] Richard Phalon, "Fuel for the Flames," *Forbes*, Nov. 18 1985, 122。George Anders 深度分析了一家大投资银行如何"重整"一家公司：它从这家公司中拿走一亿美元咨询费，让企业增加负债，出售一些重要业务而这些业务本来一直在创造收入，然后在经济衰退冲击这家资金上弱不禁风的企业时出手收购了这家企业。(Anders, G. Morgan Stanley Found a Gold Mine of Fees by Buying Burlington. Wall Street Journal, Dec. 14, 1990: A1.)

易中赚到钱?”[262]难道你没有看到这一切?

专　家: 没有市场是没有摩擦力的。你所谈到的收费,和所提供的银行服务与法律服务,润滑公司控制权市场,促进它的运转。

检察官: 还有在这一过程中积累起来的大量公司债务负担呢?

专　家: 债务负担也是件好事,因为债务鼓励企业削减项目和出售业务——这些项目和业务在企业外部更有价值——并且债务迫使企业重新思考企业的组织战略和组织结构。[263]

检察官: 但是,近年来,很多此类高杠杆公司并购交易已经开始解体,企业或者破产或者陷入被迫破产的边缘。这一切,你都知道吗?

专　家: 知道。

检察官: 已破产或接近破产的企业名单包括康波公司(Campeau)[包括其旗下一些百货公司:博洛茗(Bloomingdale's),伯丁斯(Burdines),拉扎卢斯(Lazarus)与乔丹·马什(Jordan Marsh)];[264]零售巨头鲍威特·泰勒(Bonwit Teller)、B.亚特曼(B. Altman)、[265]加芬凯尔(Garfinckel's)、[266]艾姆斯(Ames)百货公司[267]

[262] Sloan, A. When the Music Stops. Forbes, Nov. 14,1988: 44.

[263] 迈克尔·C.简森(Michael C. Jensen)在美国国会众议院证词(*Impact of Mergers and Acquisitions*, 135)。

[264] Loomis, C. J. The Biggest Looniest Deal Ever. Fortune, June 18,1990: 48.

[265] Potts, M. The High Price of Buying Retail. Washington Post, national weekly edition, Oct. 16-22,1989: 23.

[266] Andrews, E. L. First Altman's, Now Garfinckel's. New York Times, 1990-6-28(C1).

[267] Pereira, J. & J. A. Trachtenberg. Ames Seeks Protection under Chapter 11after Retail's Talks with Lenders Stall. Wall Street Journal, 1990-4-27(A3).

和梅西百货公司(Macy's)[268]；南方公司(Southland，7－11连锁商店)[269]和OK便利连锁店(Circle K)[270]；综合超市(Supermarkets General)；[271]家具制造企业英特科(Interco)和富乐绅与匡威制鞋公司(Florsheim and Converse)；[272]大陆、[273]布兰尼夫(Braniff)[274]与环球航空公司[275]；海勒曼(Heileman)啤酒公司(美国第三大啤酒公司)[276]和优英特国际(Vintner's International Company，Paul Masson and Taylor wines)；[277]优利(Unisys，Sperry & Burroughs电脑公司合并组建的新公司)[278]；纺织企业西点-佩珀瑞尔(West Point-Pepperell)[279]

---

[268] Kleinfield，N. R. Stemming the Losses. New York Times，1990－3－18(sec. 3：p. 5).

[269] Helliker，K. Southland Files for Protection under Chapter 11. Wall Street Journal，1990－10－25(A3).

[270] Nazario，S. L. Circle K Squares off with Its Creditors. Wall Street Journal，1990－3－17(A7).

[271] Norris，F. An Ailing Buyout Tries a Buyback. New York Times，1990－11－26(C4).

[272] Bremner，B. Interco：Another Day Older and $1.4 Billion in Debt. Business Week，Jan. 22，1990：58. Anders G. &. F. Schwadel. Wall Streeters Helped Interco Defeat Raiders — But at a Heavy Price. Wall Street Journal，1990－7－11(A1).

[273] O'Brian，B. Debt-Burdened Continental Air，Citing Rising Fuel Costs，Files under Chapter 11. Wall Street Journal，1990－12－4(A3).

[274] Crumpley，C. Braniff Blueprint：Small Investment，Big Gains. Kansas City Times，1989－10－27(A1).

[275] Salpukas，A. Icahn on TWA Woe. New York Times，1990－2－10(17).

[276] Charlier，M. Brewer Heileman Files under Chapter 11. Wall Street Journal，1991－1－25(B6).

[277] Fisher，L. M. A Troubled Winery Where Debt is Aging. New York Times，1990－5－12(17).

[278] Carroll，P. Unisys Struggles in Dire Computer-Industry Straits. Wall Street Journal，1990－10－4(A8).

[279] Christie R. &. R. Johnson. West Point-Pepperell Twists in the Wind. Wall Street Journal，1990－2－21(A6).

与J.P.史蒂文斯(J.P. Stevens);[280]吉姆·沃尔特公司(Jim Walter)[281]与国民石膏公司(National Gypsum);[282]弗吕霍夫卡车运输公司(Fruehauf)[283]与理斯维(Leaseway)[284];瑞科连锁药房(Revco Drug Stores);[285]出版商英格索(Ingersoll)[286]与哈考特-布雷斯-朱万诺维奇(Harcourt Brace Jovanovich)[287];第一保险公司(First Executive Insurance Company);[288]和垃圾债券承销大王与公司并购交易的推动者德崇投资银行(Drexel Burnham)。[289] 作为经济学家,你认为这些事实证据难道不重要吗?

专 家:批判者在对近年来并购活动的批判中,认为并购行为一般而言是反生产力的,依据是许多具体的并购交易失败。但是,

---

[280] Anders, G. JPS Textile to Restructure Its Debt Loan. Wall Street Journal, 1990-12-24(11).

[281] Hilder, B. & R. Smith. Kohlberg Kravis Sails into Rough Waters with Hillsborough Unit Chapter 11 Filing. Wall Street Journal 1989-12-29(C1).

[282] Blumenthal, K. National Gypsum and Parent Seek Chapter 11 Status. Wall Street Journal, 1990-10-30(A9).

[283] White, J. B. Fruehauf, Overloaded with Buy-Out Debt, Will Be Dismembered. Wall Street Journal, 1989-3-29(A1).

[284] Schiller, Z. Leaseway May Set a Standard for Ailing LBOs. Business Week, Nov. 27, 1989: 81.

[285] Stricharchuk, G. Revco's Leveraged Buy-Out Comes Apart. Wall Street Journal, 1988-6-14(6).

[286] Reilly, P. M. Ralph Ingersoll Finds Newspapers Are Fun, Junk Bonds Are Not. Wall Street Journal, 1990-3-26(A1).

[287] Wayne, L. Can Harcourt Brace Survive Its Debt? New York Times, 1990-4-15(sec. 3: p. 1).

[288] 再深入分析可见本杰明·斯坦(Benjamin Stein)《被垃圾债券击沉》(*Sunk by Junk*, *Barron's*, April 1, 1991: 8).

[289] Siconolfi, M et al., Wall Street Era Ends as Drexel Burnham Decides to Liquidate. Wall Street Journal, 1990-2-14(A1).

对于形成公共政策而言，这种片面性不是可接受的科学基础。[290]

检察官：这些本应更有效率的企业的债务质量被债券评估机构以创纪录速度降级。你知道这一切吗？[291]

专　家：是的。

检察官：这些本应更有效率的公司组织正在以创纪录的速度产生债务违约。[292] 你知道这一切吗？请你看证物3。你能看到，和四年前相比，1990年陷入债务违约的上市公司的资产价值上升550%。

表3　1986—1990进入破产程序的所有美国上市公司的资产总额

（单位：10亿美元）

年　　份	总 资 产
1986	12.7
1987	40.7
1988	43.5
1989	66.6
1990	82.7

资料来源：《华尔街日报》《财富》

[290] 对美国司法部负责反托拉斯局的助理总检察长道格拉斯·H. 金斯堡(Douglas H. Ginsburg)的访谈，原载于《反托斯杂志》[*Antitrust Law Journal* 1986 (55)：255,256]。

[291] Record Pace for Corporate Downgrading. New York Times, Oct. 12, 1990: C12. Lowenstein, R. Junk Gets Junkier. Wall Street Journal, Nov. 3, 1989: C1.

[292] Hylton, R. D. Corporate Bond Defaults Up Sharply in 89. New York Times, Nov. 11, 1990: 25. Winter R. E. & T. F. O'Boyle. Bankruptcy-Law Filings by Firms Spurt. Wall Street Journal, Apr. 6, 1990: A2. Winkler, M. Junk Bond Market Is Seen Showing 38% Default Rate. Wall Street Journal, Jan. 25, 1990: C20. Norris, F. As Defaults Keep Rising, a Market Dies. New York Times, Sept. 9, 1990, sec. 3: 1. Clark, L. H. &. A. L. Malabre. Takeover Trend Helps Push Corporate Debt and Defaults Upward. Wall Street Journal, Mar. 15, 1988: A1.

专　家：我知道。

检察官：二十世纪八十年代并购狂潮创造了过度债务负担，企业似乎越来越无能力承受这些债务负担，这一切难道不明显吗？[293] 而且，我们刚才所讨论的所有这些恶性变化都发生在相对稳健的经济条件下，发生在美国经济1990年衰退之前。不是这样吗？你不会又要否认你认为与事件规律不一致的这些事实证据吧？[294]

专　家：不。自然会有一些交易失败。但是，当并购者犯错时，他们要付出惨痛代价，在这方面，市场同样起作用。[295]

检察官：能详细说一下吗？

专　家：如果公司并购交易成功，则每个人都得到好处。如果失败，则交易将解体，没有任何经济损失。例如，里根总统的经

---

[293] 例子请见 Farrell, C. & L. Nathans. The Bills Are Coming Due. Business Week, 1989-9-11: 84. Bleakley, F. Many Firms Find Debt They Piled On in 1980s Is a Cruel Taskmaster. Wall Street Journal, 1990-10-9(A1). Light, L. &. J. Friedman & Meehan, J. All That Leverage Comes Home to Roost. Business Week, 1990-9-10: 76. Zweig, J & D. Stix. Tick, Tick, Tick. Forbes, 1990-6-4: 81. Light, L. & L. Nathans. The Junk-Bond Time Bombs Could Go Off. Business Week, 1990-4-9: 68. Bartlett, S. Cracks in House That Debt Built. New York Times, 1989-8-17(25). Vise, D. The Chickens May Be Coming Home to Declare Bankruptcy. Washington Post, national weekly edition, 1990-1-22—28: 20. Winkler, M. & D. Hilder. & J. White. Mounting Losses Are Watershed Event for Era of Junk Bonds. Walls Street Post, 1989-9-18(A1). Vise, D. & S. Mufson. The Buyouts That Are Going Bust. Washington Post, national Weekly edition, 1989-8-28—9-3: 8. Defaults of the Future. Grant's Interest Rate Observer, 1989-10-27: 2-10.

[294] 这曾是对十九世纪经济学家让·萨伊(Jean Baptiste Say)的批判，他以提出了萨伊定律而闻名。见罗金(Rogin)《经济学理论的意义和有效性》(*The Meaning and Validity of Economic Theory*, 231)。

[295] 巴克斯特在美国国会参议院的证词(*Hearings on Productivity in the American Economy*, 97th Cong., 2d sess., 1982, 495)。

济顾问委员会就有力地指出，我们不可以忘记当前的并购浪潮的一个突出特征是资产出售交易盛行，这是个趋势，产生自二十世纪六十年代和七十年代失败的联合性并购交易，目的是更好地专注于企业经营。[296]

检察官：你承认并购交易并不能自动地提高效率，但是，你没有考虑到经济学家的机会成本概念——最基本的经济学原理：没有免费午餐，选择进行活动 A 不可避免地以不进行活动 B 为代价。不是吗？

专　家：一般并购活动是我们的资本市场的十分十分重要的特征，借助于并购活动，资产不断地流动到能有效率地使用这些资产的人手中。干预公司并购活动是相当严重的错误。[297] 我们主要的国家问题必须是美国企业必须有能力重整，以应对其有效率的外国对手的竞争挑战。[298]

检察官：但是，即使我们不考虑已失败的或在失败边缘的公司并购交易记录，从交易成本背景中看，投入到二十世纪八十年代的纸面创业活动中的管理才能和大约一万亿美元，本可以直接投资建设新工厂、安装新设备、开发新产品和进行新的研发活动。不是这样吗？

专　家：你又犯了个基本经济学错误。

---

[296] Economic Report of the President. 1985：195.

[297] 美国司法部负责反托拉斯局的助理总检察长巴克斯特。（转引自 Gatty，B. Antitrust Goal：Economic Rationality. Nation's Business. Oct. 1981：59）。

[298] 美国司法部负责反托拉斯局的助理总检察长查尔斯·鲁尔（Charles Rule）。（转引自 Barnes，F. For Bush Aides，Confusion Is Spelled A-N-T-I-T-R-U-S-T. Business Month. Jan. 1989：19）。

检察官: 怎么说?

专　家: 原因显而易见。如果一个收购方有更赚钱的资本投资项目或研发机会,它会发现应该进行这个项目或抓住这个机会而不是收购其他企业。因为它选择不投资于这些社会偏好的用途,所以,这些用途显然不存在。[299]

检察官: 好吧,正如弗洛伊德所说,理论虽好但没有阻止事件发生。我们看表 4,它描述了美国企业界在二十世纪八十年代在并购交易、研发和净非住宅新投资上的支出。请注意表中最下一行给出的 1986 年的数据。

表 4　1980—1986 所有美国公司在并购、研发和净新投资上的支出　(单位:10 亿美元)

总　支　出			
年　　份	并购支出	研发支出	净新非住宅投资
1980	33.0	30.9	88.9
1981	67.3	35.9	98.6
1982	60.4	40.1	65.5
1983	52.6	43.5	45.8
1984	126.0	49.1	91.1
1985	145.4	52.6	101.5
1986	204.4	55.7	81.0

资料来源:沃尔特·亚当斯、詹姆斯·W. 布罗克《危险的追求:华尔街时代的合并与收购》(*Dangerous Pursuits: Mergers and Acquisitions in the Age of Wall Street*. New York: Pantheon Books,1989: 123.)

---

[299] Benston. Conglomerate Mergers. 52.

专　家：怎么了？

检察官：这些数据指出，在 1986 年，美国企业界在并购交易上的投入超过研发支出与净新投资支出之和。

专　家：是的，我会做加法。

检察官：很好。我想请你注意日本和美国公司在优先性上的差别。1988 年，日本资本投资超过美国企业的资本投资，大约高出 2 500 亿美元——而美国经济规模比日本经济大 40%。[300] 就人均项而言，日本企业的资本投资是美国两倍。[301] 在 1985—1988 年间，日本企业在工厂、设备和研发上的支出增长 150%；同期，美国企业在这些方面仅增长 23%。[302]

专　家：嗯。

检察官：1986 年，美国企业在并购活动上的支出大约为2 040 亿美元，而同年日本在并购交易上的支出仅为 30 亿美元。[303]

专　家：在过去，情况可能是你说的这样，但是，近年来，日本已经开始进行一些跨国并购，索尼公司购买了哥伦比亚电影公司和 CBS 唱片公司，普利司通（Bridgestone）轮胎公司收购了大石（Firestone）轮胎公司，松下收购了 MCA。

检察官：美国国家科学基金会（National Science Foundation）最近表达了自己的担忧，认为公司并购交易对美国研发活动产生了

---

[300] Sanger, D. Japan Keeps Up the Big Spending to Maintain Its Industrial Might. New York Times, 1990 - 4 - 11(1).

[301] Rapoport, C. Japan's Capital Spending Spree. Fortune, Apr. 9, 1990: 91.

[302] 同上。

[303] The Economist, Mar. 21, 1987: 94.

恶性影响。国家基金会承认要全面评价长期效应尚为时过早，但是，它对二十四家公司的研究发现，其中十六家已进行并购交易的公司在1986和1987年在研发活动上的支出下降4.7%，已进行杠杆收购或其他重整的公司的跌幅则达到12%。[304]

专　家：嗯。

检察官：现在，我请教你，从经济学角度看，工厂、设备和研发活动上的投资不是最终决定一个国家在长期的竞争力的投资类型吗？如果是的话，公司并购活动上的支出而非此类实际投资难道不会导致巨大的机会成本——导致美国国家竞争力下降吗？如果这些支出模式反映了我们国家的优先目标，则我们还应该担心市场丧失给外国生产厂商吗？他们毕竟在投资制造更好产品和在更好的生产设施中生产更好产品！

专　家：在你看到的资产并购交易中，它实际上只是一方在说，我认为我们接管对方所拥有的资产，让这些资产在我手中变得更有价值。[305]

检察官：好吧，我能理解。但是，你刚才说过，出售资产行为是企业在纠正它们在二十世纪六十年代和七十年代错误进行的联合性并购与多元化经营。我的问题是，这些资产出售行为和导致这些行为的错误的联合性并购，难道不是重回到二十世纪五十年

---

[304] Fortune, Mar. 13,1989: 98.

[305] 美国司法部负责反托拉斯局的助理总检察长查尔斯·鲁尔在美国国会参议院作证证词(*Authorization Legislation and Oversight of the U. S. Department of Justice: Hearings before the Committee on the Judiciary*, 100th Cong., 1st sess., 1988,21)。

代的状态吗？而现在，我们的外国竞争对手正蓄势待发，走向二十一世纪。这难道不是给我们国家造成的机会成本吗？

专　家：它什么都不是。它只是指出了一个明显的事实，企业界人士有时犯错误，仅此而已，它与反托拉斯政策没有关系。[306]

检察官：我们看个鲜活的案例。F. 罗斯·约翰逊（F. Ross Johnson）爬到标牌公司（Standard Brands）最高位置，然后，在1981年，他在一笔20亿美元的交易中，把标牌公司与纳贝斯克公司合并。根据你的理论，这笔交易应该提高合并之后形成的企业纳贝斯克-布兰兹（Nabisco Brands）公司的经济效率，是吧？

专　家：是的。

检察官：约翰逊随即爬到了纳贝斯克-布兰兹公司最高位置，然后，在1985年，他把纳贝斯克-布兰兹与烟草巨头R. J. 雷诺（R. J. Reynolds）合并——根据你的经济学理论，这样做是为了提高合并后形成的企业雷诺兹-纳贝斯克的经济效率，是吧？

专　家：是的。

检察官：在1988年，在二十世纪八十年代最臭名昭著的公司并购战中，约翰逊提议收购雷诺兹-纳贝斯克公司，把它私有化，把它分拆——根据你的理论，这样做自然是为了提供经济效率。从1981年的初次合并到1988年所提议的拆分，你认为是对社会稀缺的经济资源的有效率的利用吗？[307]

---

[306] 对美国司法部负责反托拉斯局的助理总检察长道格拉斯·H. 金斯基的访谈《反托拉斯法杂志》(*Antitrust Law Journal* 1986(55)：256)。

[307] Adams & Brock. Dangerous Pursuits. 16－17，49－50.

专　家： 我得重申：交易者在并购市场上用自己的钱下注。[308]

检察官： 你不停地说交易者在用自己的钱下注。我们不考虑他们赌输的纪录，我们不考虑由于这些金融把戏造成无辜人民失去储蓄、养老金[309]和工作，当公司投资于并购交易而非新产品、工厂、设备和研发活动时，难道不是整个社会在付出代价吗？创新能力削弱，劳动生产率下降，市场被外国厂商抢走，伴随着这一切的，是美国的就业岗位、生产和技术人才不断丧失，是美国工业基础被侵蚀。不说别的，盛田昭夫这个名字总能让你想到些什么吧？

专　家： 我知道他。他是日本索尼公司——一家相当成功的企业——的董事会主席和首席执行官。

检察官： 盛田昭夫认为，国家竞争力——你反复谈到的一个概念——的关键是增加投资、增加研发和开发劳动力。他还说，一般需要多年才能开发出新的制造技术、把新技术应用于产品生产、和把产品生产转变为赚钱的行当。[310] 作为获取短期账面利润的短期游戏，公司并购交易浪潮难道不是从根本上与盛田所描述的长期视角相冲突吗？他和他的企业索尼公司，在全球市场上推行这

---

[308] U. S. Congress, Senate. Hearings on Authorization Legislation and Oversight of the U. S. Department of Justice: before the Committee on the Judiciary, 100th Cong., 1st sess., 1988, pt. 2,20。

[309] Rose F. D. Wessell. Junk Bond Woes Put Retirement Benefits in Danger for Many. Wall Street Journal, Feb. 12,1990: A1.

[310] Morita, A. Something Basic is Wrong in America. New York Times, Oct. 1,1989-2-3(2).

一长期战略，事实证明，已经取得巨大成功。不是这样吗？

专　家：短期利润优于长期利润。[311]

检察官：我没有听懂。

专　家：短期利润更好，因为它们不需要被贴现。[312]

法　官：我想今天接受的教诲已足够多。现在休庭，明天上午九点开庭。

---

[311] 对助理总检察长巴克斯特的访谈，见《美国新闻与世界报道》(*U. S. News & World Report*)1981年8月3日，第51页。

[312] 同上。

第四天

讨论经济权力的影响；公共政策对经济自由与民主过程的介入，造成难解的困局

法　官： 我得提醒检察官，盘诘证人环节花费的时间太多。我们还有漫长的庭审在等着我们，尽可能不要把盘诘过程拖得太长。

检察官： 我知道的，法官。我保证在午饭之前完成对证人的资格审查。

法　官： 这让我想起美国铝业公司（Alcoa）的案子，它开始自1937年，到1950年还未结束。在那时，我是一名年轻的司法部检察官，听到一个在反托拉斯局里流传的故事。一位律师请求法庭休庭至次日，说刚接到电话，对方告诉他他的儿子刚刚出生。法官说，"我有相当好的记忆力。我记得不久前在这个案子庭审过程中你提过这一要求。"律师回答说，"那是三年前，法官。这次的请求与上次一样真实。""好吧，"法官说，"我们可以休庭，条件是在这个案子中将不允许以孙子辈出生为借口请求休庭。"

检察官： 我将尽可能加快进程。

法　官：很好，开始吧。

检察官：谢谢，法官。（转向证人）我最后想探讨你对一般意义上的政府政策的看法。在你看来，在自由企业经济中，主要的市场力量的来源是什么？

专　家：持续性垄断结构的唯一重要来源是政府。[313]

检察官：为什么这么说？

专　家：因为政府掌控着私人团体所没有的强制权，并且它经常运用这类权利清除竞争。[314]

检察官：你能给些例子吗？

专　家：政府对运输、公用事业、通讯和农业产业的卡特尔化；通过职业与行业许可提供立法保护；通过关税和其他进口限制保护本国企业免于来自外国的竞争——面对着政府施加的种种限制，任何私人垄断都相形见绌。[315]

检察官：你把政府对来自外国企业的竞争也包含在内？

专　家：联邦政府对竞争的最有力的限制，是通过立法和通过行政程序，在很多年里逐步形成的国际贸易壁垒。[316]

检察官：你认为这种政府保护主义有害无益？

---

[313] Demsetz, H. The Trust behind Antitrust. Eleanor M. Fox and James T. Halverson, eds., Industrial Concentration and the Market System. Chicago: American Bar Association, 1979: 51. 联邦通讯委员会主席丹尼尔·T. 奥立弗(Daniel T. Oliver)的午餐演讲，重印于《反托拉斯法杂志》第55期(1985)第349页。

[314] Demsetz. The Trust behind Antitrust. 51.

[315] 同上。

[316] 丹尼尔·奥利弗的午餐演讲，353。

专　家：当我说政府通过限制国际贸易伤害美国人民时，我不是说所有人都受到伤害。在对进口施加限制时，缺乏效率的本国制造商肯定受益，还有他们的雇员。但是，人民作为一个整体——消费者群体——受伤害。[317] 今天，美国消费者为获得特殊保护的行业支付巨额补贴——并非出自本意的补贴。[318]

检察官：对政府拯救大企业，例如克莱斯勒公司和洛克希德(Lookheed)公司，当这些企业濒临破产之时，你怎么看？

专　家：我们的私人企业制度是个利润与亏损兼具的体制。这一制度的基本原则是私人企业承担风险，承担其行动的后果。如果政府为这些损失做担保，它就有权决定企业承担哪种风险。这是退步，从自由企业社会转向集体主义社会。[319] 如果政府社会化这些损失，它必然会社会化利润。[320]

检察官：但是，在代议制民主社会中，国家的存在目的是对公民负责，所以说，政府不是在真空中运转。在这一政治背景下，你能告诉我政府是如何堕落为创造市场力量的工具、阻碍竞争的手段吗？

---

[317] 丹尼尔·奥利弗的午餐演讲，354。

[318] 联邦通讯委员会主席丹尼尔·奥利弗在福特汉姆公司法研究所(Fordham Cooporate Law Institute)的演讲，重印于《FTC新闻》(*FTC Newsnotes*)1986年10月27日。

[319] 米尔顿·弗里德曼给美国参议院的信。Emergency Loan Guarantee Legislation：Hearing before the Committee on Banking，Housing and Urban Affairs，92d Cong.，1st sess.，1971：1172。

[320] 米尔顿·弗里德曼《对为IMF提供更多资金说不》[“*No*” *to More Money for the IMF*，*Newsweek*，1983(Nov. 14)：96]。

专　家：国家介入竞争，因为在市场上面对着不确定的未来的政治强势团体——就是说，那些相对富有的人——游说政府这么做。[321]

检察官：你是说经济权势团体在制定政府政策的政治领域中，施加反竞争影响，导致反社会后果吗？

专　家：政治强势群体与我们的立法者一起设计出种种政策，限制来自政治弱势群体的竞争。[322]

检察官：但是，在这整个盘诘过程中，你一直在不断地批判反托拉斯，而反托拉斯的目的是消除在结构上高度集中的垄断和寡头垄断，它的一个作用是阻止企业并购行为所诱生的更加集中的私人市场力量。

专　家：任何理论中的政府干预，都来自受挫折的社会主义冲动，其学理基础莫名其妙。[323]

检察官：但是，在历史上，一些最有影响力的私人企业制度的倡导者担心私人经济规模与权力过于膨胀，原因正是私人企业操控政府的独特能力，和创造你所憎恨的种种反社会的政府政策的独特能力。亚当·斯密(Adam Smith)的形象印在你的领带上，你自然熟悉这位伟大的十八世纪经济自由主义者的著作了？

专　家：当然。

---

[321] 丹尼尔·奥利弗的午餐演讲，第350页。

[322] 同上。对这一问题的深入探讨，见 Mintz. M，& J. S. Cohen. Power，Inc. New York：Viking Press，1976。

[323] Bork，R. H. Are We Counting the Real Costs?. Fox and Halverson，Industrial Concentration and the Market System：271.

检察官： 在亚当·斯密《国富论》(*The Wealth of Nations*)的第四卷第八章中，斯密说："我将尝试证明，相对于我们的商人和作坊主，为支持其荒谬和压迫性的垄断地位，而透过立法鼓吹的原则相比，我们的最残酷的收入法则，实际上是最温和的。"[324]

专　家： 我记得这段话。

检察官： 亚当·斯密认识到经济权力对政治过程和公共政策的恶性影响，他认为自己所在的重商主义国家是权势私人经济利益团体导致政府腐败的典型例子。我这样概括难道不准确吗？

专　家： 准确。

检察官： 在《国富论》中，在批判由王室创造的垄断关系和反竞争约束时，亚当·斯密指出："这些规制相对于我们所倡导的自由是多么的矛盾，我们又是如此地羡慕自由；但是，在这里，为了我们的商人和作坊主无望的利益，自由就这么被牺牲掉。"他接着指出："确定谁是这整个重商制度的设计者，不是件很难的事；我们可以认为，不是消费者，他们的利益已经被完全忽视；而是生产者，它们的利益被细致地照顾到；并且，在生产者阶层中，我们的商人和作坊主们是这一制度的主要设计者"。

专　家： 我可以向你保证，我非常熟悉《国富论》。对它的作者，我抱有无限崇敬之情，并且，正如你所看到的，我甚至戴着印有亚当·斯密头像的领带。

---

[324] Smith, A. The Wealth of Nations, reprinted. New York: Modern Library, 1937: 612.

检察官： 你熟悉二十世纪杰出的经济自由主义者哈耶克的著作吗？

专　家： 熟悉。

检察官： 哈耶克认为“产业保护主义和政府支持的保守团体的卡特尔，与社会主义者倡导的对经济生活更全面指导的主张没有差别”，他甚至认为，要保护民主社会不受私人经济力量侵蚀，“可能真有理由设计公司法以组织各个公司无限扩张”。这些，你都知道吗？[325]

专　家： 是的。

检察官： 在其自由主义宣言《通向奴役之路》(*The Road to Serfdom*)一书中，哈耶克警告说，垄断企业的资本主义组织者是对自由社会最严重的两个威胁之一(另一个威胁是有组织的劳动力)，他担心“允许这种巨大的权力集中的国家，无法不让这一权力完全落于私人控制之下”。[326] 你知道他的这段论述吗？

专　家： 那种名声扫地的、反消费者的反托拉斯政策虽然可能已是明日黄花，但是，它们没有被完全遗忘。[327]

检察官： 你熟悉亨利·西蒙斯(Henry C. Simons)教授的著作吗？

专　家： 当然，他曾是芝加哥大学经济学系教师，相当杰出的

---

[325] Hayek, F. A. Individualism and Economic Order. Chicago: University of Chicago Press, 1948: 107, 116.

[326] Hayek, F. A. The Road to Serfdom. Chicago: University of Chicago Press, 1948: 194 - 95.

[327] 对丹尼尔·奥利弗的访谈《反托拉斯法杂志》第 56 期(1981)第 239,244 页。

学者。

检察官： 在他的经典著作《自由社会的经济政策》(*Economics Policy for A Free Society*)一书中，西蒙斯教授分门别类，归纳说"民主的最大敌人是垄断——一切形式的垄断"；[328]他说，"有效地组织起来的功能团体"——包括"大公司"——"拥有剥削整个社会深知破坏民主制度的巨大权力"；[329]他警告说，在"复杂的劳动分工社会中，每个有组织的大团体都能随时破坏或截停整个社会收入流；如果这类团体持续运用这一权力或者如果必须不断地收买它们才能让它们放弃运用这种权力，则民主制度注定很快崩溃"。[330]你知道他的这段论述吗？

专　家： 知道。

检察官： 西蒙斯教授还说："对价值亿万美元的公司，没有任何合理的借口(公用事业企业除外)，不管它们的财产采取什么形式。"并且，即使"这些庞大的金融联合体所广为宣传的经济优势真实存在，正确的政策是明智地牺牲这些经济优势以保存更多的经济自由与平等"。[331] 你也知道这段论述吗？

专　家： 是的。

检察官： 西蒙斯教授说，"没有人可以拥有如此大权力，"包括公司。他写道："政治学研究发现，权力之集中，内在地危险和堕

---

[328] Simons，H. C. Economic Policy for a Free Society. Chicago：University of Chicago Press，1948：43.

[329] 同上。

[330] 同上，第 122 页。

[331] 同上，第 52 页。

落；经济学研究发现，权力之集中，根本没有这种必要性。"[332]你知道他的这段论述吗？西蒙斯教授——一位公开的自由主义者——如此重视强大的私人经济利益团体俘获民主国家的可能性，以至于他要求"直接拆解我们的大公司"，要求立法"禁止……任何私人企业或企业群体取得实质意义上的垄断权力，不管这些权力多合理地被运用，"包括直接"限制任何公司可以拥有的财产总量"[333]。你知道他的这段论述吗？西蒙斯教授对私人经济权力具有的政治危险性感到恐惧。对此，你怎么看？

专　家：答案是，在早期，研究垄断问题的经济学领域一般是非理论的、描述性的、制度导向的甚至使用隐喻。结果，所提出的命题一般与经济学理论矛盾。[334]

检察官：请让我把这弄得更透彻些。你批判政府对外国竞争的限制，批判政府拯救落难大企业，同时，你认为政府的这种违反生产力的错误，从根本上说，来自经济上的权势团体在施展政治影响力？

专　家：政治自由与经济自由复杂地交织在一起。美国国会不断地屈服于特殊利益，使得民主过程对那些其经济利益在激烈竞争中得到最好实现的人用处下降。[335]

---

[332] Simons, H. C. Economic Policy for a Free Society. Chicago: University of Chicago Press, 1948: 43,254.

[333] 同上，58－59。

[334] Posner, R. The Chicago School of Antitrust Analysis. University of Pennsylvania Law Review, 1979(127): 925,928－29.

[335] 奥利弗午餐演讲，第349、357页。

检察官：但是，如果你允许如此规模如此总量的权力集中在私人部门，自由社会如何阻止国家强制力在政治领域中被俘获呢？这难道不正是亚当·斯密、哈耶克和西蒙斯所认识到的政治经济学问题吗？例如，当公司达到克莱斯勒或洛克希德的规模时，经验难道没有指出作为政治现实，它们已经变得太大和对太多的人太重要而不能失败吗？

专　家：我记得凯恩斯爵士说过："欠银行一千英镑，你得听它的；欠它一百万英镑，情况正好颠倒过来。"

检察官：当它们的业绩恶化，当它们面对着来自国际竞争的痛苦的自我救赎时，经验难道没有指出大企业——例如汽车业三巨头或者大型钢铁制造商——没有驯服地把自己牺牲在私人企业的祭坛上，而是动用巨大的政治资源包括企业管理人员、雇员、工会、供应商、承包商、经销商、市长和州长、参议员和众议员、共和党和民主党——并且成功地获得了政府保护吗？

专　家：当我们转向反托拉斯分析时，我们不关心总体集中度或绝对规模。[336]

检察官：但是，如果这就是你的立场，政府不是在漠视人民和对人民不负责任吗？要知道，这是保护国家不被强大的私人利益团体侵蚀的唯一途径啊！并且，正如哈耶克与西蒙斯所恐惧的那样，这难道不是向专制国家迈出了重要一步吗？

专　家：强调反托拉斯政府的需要以甩掉科学的经济学定理

336　对道格拉斯·H. 金斯堡的访谈，第255、259页。

的束缚，这种做法没有新意。自开始之时，反托拉斯就遭遇一种愚蠢的认识：反托拉斯贯穿着社会企图和政治企图。这种认识的缺陷是，你不可能辨别每个人在说什么。[337]

检察官： 但是，权力，无论集中在私人部门还是国家手中，都存在被滥用的可能性——实际上，被滥用的概率。你不会否认这一点吧？权力集中所导致的权力被滥用的可能性，对自由社会的存在有害而无益。你不会否认这一点吧？分权结构是美国政治民主的根基，是美国自由企业经济学之特色。你不会否认这一点吧？[338]

专　家： 我认为权力集中在政府手中远比集中在私人部门手中危险。

检察官： 这是你的价值判断而非科学结论，是吧？

专　家： 是的，如果你想这么说。

检察官： 最后，我们看一下，我们能否在两个基本命题上达成一致。首先，新学识学派强调合同自由和与此相联系的没有政府干预的理想竞争；传统反托拉斯则强调清除市场上的不平等性和与此相联系的没有私人权力的理想竞争。可以这样说

---

[337] Bork. Are We Counting the Real Costs?. 270.

[338] 例子请见 Madison, J. Notes of Debates in the Federal Convention of 1787. New York: W. W. Norton & Co., 1987 ed. Hamilton, A. & J. Madison. & Jay, J. The Federalist Papers. New York: New American Library, 1961 ed. Adams & Brock. The Bigness Complex. 87—103. Millon, D. The Sherman Act and the Balance of Power. Southern California Law Review 1988(61): 1219. May, J. Antitrust in the Formative Era: Political and Economic Theory in Constitutional and Antitrust Analysis, 1880—1918. Ohio State Law Journal 1989(50): 257.

吗？新学识学派从对个人自由的无妥协的坚持出发，这与对平等性的追求形成鲜明对比；新学识学派的批判者则坚持认为，对平衡的权力结构的坚持，与对个人自由的坚持完全一致。[339] 可以这样说吗？

专　家：你说出了这场论战的精髓。

法　官：我担心这场争论无休止持续下去而没有结论。我们都说我们信仰自由，但是，一个人的自由可能是另一个人的暴政。正如亚伯拉罕·林肯所说："牧羊人把绵羊从狼的嘴下救出。为牧羊人的行为，绵羊感谢牧羊人，称其为解放者；为牧羊人的行为，狼诅咒他，称其为自由的迫害者……显然，绵羊和狼没有就自由一词的定义达成一致……"[340]

检察官：谢谢，法官。最后一个问题。（转向证人）弗兰克·奈特——曾经的芝加哥学派的大师级人物——的智慧适用于新学识学派，就像它适用于任何经济学理论一样。对此说法，你接受吗？奈特坚持认为，经济学的主要建议基本上都是负面的：不要走得太快，不要过于简单化，不要为难题寻找简单的解决办法。[341] 对他的说法，你接受吗？他告诫说，在经济学理论中，就像在烹饪

---

[339] Peritz, R. J. A Counter-History of Antitrust Law. Duke Law Journal, 1990: 310.

[340] 林肯 1864 年在美国巴尔的摩卫生节上的讲话. Basler, R. P. etc. ed. Abraham Lincoln: His Speeches and Writings. Cleveland and New York: World Publishing Co., 1946: 749.

[341] Knight, F. On the History and Method of Economics. Chicago: University of Chicago Press, 1956: 280.

中一样，在任何方向上，要足够多但不能太多，要足够远但不能太远。[342] 对他的说法，你接受吗？

专　家： 就像你们法律行当所说，你已尽到告知义务。

检察官： 法官，我没有问题了。

---

[342] Knight, F. On the History and Method of Economics. Chicago: University of Chicago Press, 1956: 256.